Pas à pas vers la Liberté

Pas à pas vers la Liberté

40 MÉDITATIONS BIBLIQUES

RACHEL HICKSON

éditions LLB

Les Éditions LLB ont pour objectif de faire connaître la Bonne Nouvelle de Jésus-Christ et d'encourager les personnes de tout âge à rencontrer Dieu, chaque jour, au moyen de la Bible et de la prière.

Éditions LLB, CS 50728, 26007 VALENCE Cedex, France
www.editions-llb.fr

Également disponible en Belgique, au Canada et en Suisse :
Ligue pour la Lecture de la Bible, Chaussée de Jette, 446 / 0.2, 1090 BRUXELLES (Jette)
Ligue pour la Lecture de la Bible, 1701 rue Belleville, VILLE LEMOYNE, Québec, J4P 3M2
Ligue pour la Lecture de la Bible, Ch. de Bérée 70, CH-1010 LAUSANNE 10

L'édition originale a été publiée en anglais sous le titre Stepping Stones to Freedom par Monarch Books (une marque déposée de Lion Hudson plc, Oxford, Angleterre).

Traduction : Danièle Nubel, Monbonnot, France
Couverture : Damien Baslé, Montélier, France
Infographie : Jacques Maré, Noisiel, France
Dépôt légal : avril 2014
ISBN : 978-2-85031-756-9

Coédition internationale dirigée par Lion Hudson plc,
Wilkinson House, Jordan Hill Road,
Oxford, OX2 8DR, GB
Tel : + 44 (0) 1865 302750
Fax : + 44 (0) 1865 302757
Mél : international@lionhudson.com
www.lionhudson.com

Les autres traductions utilisées, sont indiquées sous les abréviations suivantes : BC (Bible à la Colombe), BFC (Bible en français courant), BS (Bible du Semeur).

Dédicace

Je dédie ce livre à Helen Azer,
mon amie et partenaire dans le ministère
qui m'a aidée à découvrir
ces pas vers la liberté
tandis que nous étudiions ensemble la Parole.
Merci, Helen !

Sommaire

Remerciements

C'est ici pour moi l'occasion de remercier tous ceux qui m'ont entourée pour parvenir à écrire et publier ce livre. J'espère ne pas oublier quelqu'un d'important ! En premier lieu, j'aimerais adresser ma reconnaissance à ma si précieuse famille qui m'a permis d'écrire. Ils sont tous formidables et un tel encouragement pour moi !

Je voudrais aussi remercier Tony Collins, de Monarch, pour sa disponibilité et les encouragements que j'ai reçus lors de nos discussions sur la publication de ce livre. Ce fut une joie de travailler avec lui !

Je dois aussi des remerciements à Helen Azer qui a révisé le texte, vérifié mon orthographe, corrigé ma grammaire et aidée à mettre en valeur ma pensée. Merci pour tout ce temps passé à me relire !

Enfin, j'adresse mes remerciements à vous qui avez acheté ce livre. J'espère qu'il sera le catalyseur qui ranimera vos rêves et attisera votre faim de Dieu et de sa Parole afin que vous puissiez vivre votre vie avec encore plus de passion et de motivation.

Rachel Hickson

Introduction

Heureux ceux qui trouvent chez toi un refuge et qui ont à cœur ce pèlerinage !

PSAUME 84.6 (BFC)

Ce recueil de méditations a été écrit pour vous aider à redécouvrir votre but dans la vie et stimuler votre désir de savoir qui vous êtes vraiment. Je vous invite à prendre à cœur ce pèlerinage d'exploration, avec la ferme intention de laisser la Parole de Dieu modifier vos modes de pensée sur vous-même et votre avenir. Vous venez peut-être de traverser une période difficile où tous vos rêves ont volé en éclats : votre conjoint vous a quitté, vos enfants ne réussissent pas en classe, votre patron est dominateur, vos finances sont un fiasco. Quel que soit le problème, il se peut que vous ayez perdu le contact avec Dieu et vos perspectives d'avenir. Ces réflexions ont été écrites pour vous qui vous sentez trop las pour lire la Bible tout seul mais qui reconnaissez votre besoin d'entendre Dieu vous parler. Elles vous aideront à entendre de nouveau le son de sa voix.

Les spécialistes affirment qu'il faut trois semaines pour prendre une nouvelle habitude et six pour arriver à un nouveau mode de pensée. Je vous propose donc quarante jours soit six semaines d'un

« traitement » fondé sur la Parole de Dieu, pour vous aider à découvrir le vrai langage de votre cœur à cet instant précis de votre vie. Pour beaucoup d'entre nous, cette voix authentique a été étouffée. Je crois qu'en purifiant notre pensée par sa Parole, nous pouvons à nouveau discerner notre véritable destinée. Je suis convaincue que le fait de passer du temps dans la Parole de Dieu renouvelle notre esprit et accorde nos paroles à la musique du ciel.

Alors, prions :

« Père, je crois qu'en prenant chaque jour ces paroles comme un remède, un complément vitaminique, tu restaureras ton œuvre en moi et assainiras mon corps, mon esprit, mon âme, mon mental et tout mon être.

« Père, je crois que tu me fortifieras et apporteras les changements nécessaire dans ma vie pour que j'accomplisse davantage ce que tu attends de

moi, pour que je dise ce que tu souhaites m'entendre dire et pour que je mène la vie que tu désires me voir mener.

« Merci, Père, de me conduire sur ce chemin du changement. Aujourd'hui je prends à cœur ce pèlerinage ! Merci Père ! Amen. »

Suivons ensemble ce parcours de découverte et de transformation intérieure en abordant les six thèmes suivants sur quarante jours :

1. Nous sommes rachetés et précieux
2. Redécouvrons le leader en nous
3. Cultivons l'espoir
4. Réformons notre pensée
5. Ranimons nos rêves
6. Revivifions notre vie

Je vous invite à lire chaque jour un passage

de l'Écriture, à méditer une pensée et à terminer par une prière de proclamation. Si vous faites cela plusieurs fois par jour, vous laisserez la Parole de Dieu faire son œuvre, purifier vos modes de pensée et vous transformer. À la fin de chaque semaine, prenez aussi le temps de relire ces méditations. Laissez ces paroles vous pénétrer jusqu'à ce que votre esprit ait saisi la puissance de ces vérités dans votre vie.

Je suis certaine que vous verrez alors la Parole de Dieu vous relever peu à peu et vous aider à redécouvrir les différentes facettes de votre être intérieur. La Parole vous fera retrouver ce que l'ennemi avait volé, elle redressera votre façon de penser, elle aiguisera et ranimera vos rêves et votre vie en sortira revivifiée !

Alors, lisez, priez et prononcez ces paroles sur votre vie, vous verrez la guérison se répandre dans votre existence à mesure que la Parole de Dieu accomplit son œuvre !

Merci de tout cœur d'accepter mon invitation à suivre ce chemin du changement.

Rachel Hickson

PREMIER PAS

Nous sommes rachetés et précieux

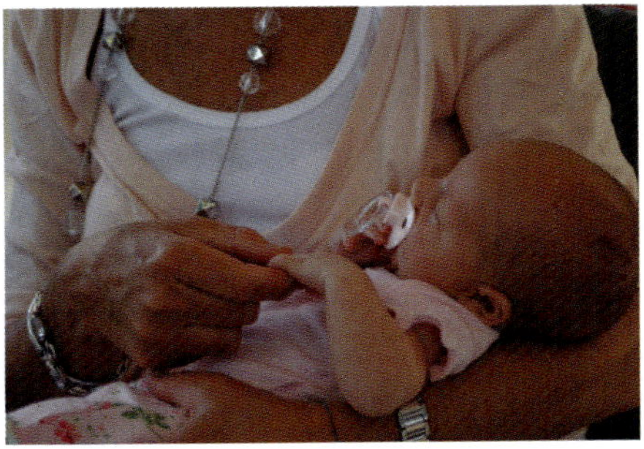

Jour 1

Ainsi parle maintenant l'Éternel, qui t'a créé, ô Jacob ! Sois sans crainte, car je t'ai racheté, je t'ai appelé par ton nom ; tu es à moi ! Si tu traverses les eaux, je serai avec toi, et les fleuves, ils ne te submergeront pas. Si tu marches dans le feu, tu ne brûleras pas, et la flamme ne te consumera pas. Car je suis l'Éternel, ton Dieu, le Saint d'Israël, ton sauveur. Je donne l'Égypte pour ta rançon, l'Éthiopie et Seba à ta place. Du fait que tu as du prix à mes yeux, du fait que tu es honoré et que je t'aime, je donne des hommes à ta place, et des peuples pour ta vie. Sois sans crainte, car je suis avec toi...

ÉSAÏE 43.1-5 (BC)

Pensée transformatrice

Aujourd'hui, Dieu vous saisit la main. Il prend votre visage entre ses mains et vous dit au plus profond de vous-même que vous lui êtes très précieux. Nous avons souvent le sentiment que les choses mauvaises n'arrivent qu'aux personnes mauvaises. Ainsi, quand elles nous arrivent, nous croyons que nous sommes mauvais. Quand nous traversons le feu de la critique, ou que nous sommes emportés par les eaux de la maladie ou de l'endettement nous sommes troublés.

Dieu nous promet alors qu'il est avec nous et que ces circonstances n'auront pas le dernier mot. Car c'est lui qui nous a créés, il connaît donc nos limites et à coup sûr il nous aidera ! Mais il ne se contente pas de nous soutenir dans les difficultés, il prend son plaisir en nous ! Alors aujourd'hui, laissez-le vous dire que vous avez du prix à ses yeux et qu'il vous aime. Dieu vous aime vraiment. Si vous êtes dans la peine, ce n'est certainement pas parce que Dieu s'est désintéressé de vous !

Prière de proclamation

Père, je te remercie de m'avoir racheté, de m'accompagner pour me fortifier et me soutenir fermement au travers de chaque difficulté. Quels que soient mes sentiments, je sais que tu ne me laisseras jamais et que tu m'as racheté ; tu me garderas aujourd'hui et chaque jour. Tu es toujours à mes côtés, un refuge dans le danger ! Alors, Père, aujourd'hui je te prie de me rendre de plus en plus conscient de la valeur que j'ai pour toi. Aide-moi à vaincre toute pensée négative qui me soufflerait que je mérite cette situation difficile. Relève-moi et tiens-moi contre toi, fais-moi entendre cette parole « tu es précieux ». Merci, Père, parce que tu m'aimes ! Amen.

Jour 2

Le Seigneur marchera devant toi, il sera avec toi. Il ne te lâchera pas, il ne t'abandonnera pas. N'aie donc pas peur, ne te laisse pas décourager.

DEUTÉRONOME 31.8

Pensée transformatrice

Le sentiment d'abandon peut très rapidement nous gagner quand les circonstances de notre vie sont déstabilisantes. Nous nous sentons seuls et vulnérables. Tout semble nous crier que personne ne nous remarque et, par conséquent, ne se soucie de nous. Mais au sein de toutes ces voix qui paraissent si réelles, entendons aussi la voix de Dieu qui nous dit : « Je suis avec toi. Je marche réellement devant toi. Je ne t'abandonnerai pas. » Qui n'a jamais connu dans sa vie, la détresse de l'épreuve ? Que des amis nous aient laissé tomber ou trahi notre confiance et nous aient humiliés, ne taisons pas la voix qui dit vrai : « Je suis toujours avec toi ! » et ne laissons pas la crainte de nous retrouver seuls nous saisir. Réalisons plutôt que ces craintes ne sont que des ombres. Dieu est notre réalité et il est avec nous. Ne vous découragez pas mais aujourd'hui laissez-vous

combler par les encouragements de Dieu. Jamais il ne vous abandonnera ! Ne permettez donc pas à la peur d'avoir prise sur votre vie. Souvenez-vous que vous avez le meilleur Père au monde et que jamais il ne vous délaissera ; vous êtes en parfaite sécurité !

Prière de proclamation

Père, je te remercie car, en cet instant, je sais que je ne suis pas seul. Depuis le jour où tu m'as formé, tu veilles sur moi et tu marches avec moi. Père, je n'aurai donc pas peur, je ne craindrai pas le sentiment d'abandon et d'isolement. Révèle-moi tout à nouveau que tu es avec moi dans la vie de tous les jours. Je te remercie parce que je ne serai jamais seul. Aujourd'hui, je te demande aussi de me remplir de la voix du positif et de l'encouragement. Je ne me découragerai pas ! Merci parce que tu vas ouvrir des portes devant moi, susciter des amitiés et chasser toute crainte de ma vie. Père, j'observe qu'avec toi ma vie est plus intense et que tu me satisfais pleinement. Je veux te faire confiance. Merci parce que je ne suis pas obligé d'affronter la vie tout seul, car tu es toujours avec moi ! Amen.

Jour 3

Toi, tu dois diriger ton cœur vers Dieu, et prier en levant les mains vers lui. Si tu as fait du mal, ne recommence plus, ne laisse pas l'injustice habiter chez toi. Alors tu seras sans tache, tu pourras redresser la tête, tu tiendras bien debout et tu n'auras peur de rien. Tu ne penseras plus à ton malheur, tu l'oublieras comme de l'eau qui s'écoule. Ta vie sera plus claire que le jour à midi, la nuit brillera comme la lumière du matin. Tu seras plein de confiance, car il y a de l'espoir. En voyant que tout va bien, tu dormiras en paix. Quand tu te reposeras, personne ne te dérangera. Au contraire, beaucoup te féliciteront. **JOB 11.13–19**

Pensée transformatrice

Si nous donnons entièrement notre cœur à Dieu et nous mettons en règle pour tous les mauvais choix que nous avons faits et qui nous privent du contact avec lui, alors nous vivrons dans un sentiment de parfaite sécurité. Dieu nous demande donc aujourd'hui : « Acceptes-tu de lâcher prise et de me laisser prendre le contrôle ? Me feras-tu confiance ? » Nous nous accrochons si souvent à nos choix coupables, ne croyant pas vraiment que Dieu comblera les vides de notre vie. Mais aujourd'hui, Dieu nous demande de lâcher prise et de le laisser remplir tous les vides. Si nous renonçons à notre emprise sur nous-mêmes, Dieu nous rassurera, nous libèrera et nous guidera. Quelle transformation ! Les problèmes qui nous hantent s'évanouiront et nos larmes amères se transformeront en espoir et en attente féconde.

Si, dans notre vie, nous misons sur la bonté de Dieu, nous ne serons jamais perdants ! Nous connaîtrons un regain d'espoir, les larmes anciennes seront effacées. Et le changement sera si complet que les gens rechercheront notre compagnie et voudront savoir ce qui s'est passé ; ils solliciteront notre conseil et notre approbation. Dieu peut transformer le négatif en positif, l'obscurité en lumière, les lieux arides en îlots de fraîcheur, ce qui nous semblait impossible en de nouveaux possibles.

Prière de proclamation

Je te remercie, Père, parce que c'est le moment du changement dans ma vie, et que tu me donnes un sentiment de sécurité. Aide-moi, Seigneur, à te livrer entièrement mon cœur et rétablis en moi la confiance là où je suis devenu méfiant. Permets que je nettoie mes mains de tous les mauvais choix que j'ai faits ; pardonne-moi et purifie-moi, s'il te plaît. Je sais que c'est maintenant le moment de relever la tête. Je sais qu'un nouvel espoir est en train de se lever et que tu veux me rassurer. Je déclare que Dieu est avec moi et que je peux ainsi me réjouir en lui. Je résiste à toute peur et à tout désir de contrôle qui me limitent et m'étouffent. Je déclare que je resterai positif où que j'aille. Je suis confiant – je marcherai dans la lumière !

Jour 4

Celui qui se met à l'abri près du Dieu très-haut se repose à l'ombre du Tout-Puissant. Il dit au Seigneur : « Tu es mon abri, tu me protèges avec puissance, tu es mon Dieu, j'ai confiance en toi. » Oui, c'est Dieu qui te délivre des pièges du chasseur, il te guérit de la peste qui tue, il te couvre de ses ailes, et tu te réfugies près de lui, comme un poussin sous les ailes de sa mère. Oui, sa fidélité te protège comme un bouclier. Alors tu n'auras peur de rien : ni des dangers de la nuit, ni des flèches lancées en plein jour.

PSAUME 91.1-5

Pensée transformatrice

Aujourd'hui, Dieu veut vous révéler comment rester dans ce nouveau sentiment d'appartenance. Il veut que vous sachiez comment demeurer dans le repos

et la confiance, parce qu'ils font partie de votre nouvelle nature. « Se mettre à l'abri » signifie littéralement « trouver un endroit confortable où l'on puisse s'installer ». Pour illustrer ce genre d'abri, imaginez un chien qui erre dans toute la maison et trouve enfin un endroit bien chaud au soleil. Le chien commence à tourner en rond avant de s'affaler et de se mettre en boule pour dormir ; il se fait un « abri ». Si souvent, nos peurs nous maintiennent dans l'agitation ; même quand nous sommes immobiles, notre esprit « travaille ».

Mais aujourd'hui, Dieu nous invite à trouver un abri en lui. Il nous appelle à nous cacher en lui et à combattre nos peurs en déclarant qu'il est notre abri, notre refuge. Nous avons besoin de la certitude que Dieu est assez puissant pour nous dégager des pièges qui veulent se refermer sur nous. Notre Dieu est capable de nous secourir ! Non seulement il vient à notre secours, mais encore il nous protège et nous procure un lieu sûr pour y demeurer. Notre Dieu est notre bouclier et il nous défend. Nous n'avons plus à être effrayés, de nuit comme de jour, parce que Dieu veille sur nous à chaque heure et nous protège réellement. Aujourd'hui, reposez-vous, laissez Dieu vous couvrir de son aile et demeurez en ce lieu sûr.

Prière de proclamation

Je te remercie, Père, parce que tu es pour moi un lieu sûr où je peux demeurer. Enseigne-moi à me cacher en toi pour que je devienne la personne que tu veux que je sois, abritée sous ton aile. Merci parce que tu me couvriras de ta protection et que tu permettras à mes rêves d'éclore dans ce lieu sûr. Père je crois que tu me garderas sain et sauf dans ce lieu secret. Je ne craindrai plus la nuit car je sais que tu es avec moi ! Enseigne-moi à me reposer en toi, sachant que tu veilles sur moi en tout temps. Merci parce que tu prends soin de moi et me donnes un sentiment de valeur. Apprends-moi à grandir dans la confiance en toi, Jésus. Amen.

Jour 5

Le Seigneur est mon berger, je ne manque de rien. Il me fait reposer dans des champs d'herbe verte, il me conduit au calme près de l'eau, il me rend des forces, il me guide sur le bon chemin, pour montrer sa gloire. Même si je traverse la sombre vallée de la mort, je n'ai peur de rien, Seigneur, car tu es avec moi. Ton bâton de berger est près de moi, il me rassure.

PSAUME 23.1-4

Pensée transformatrice

Tandis que Dieu vous conduit dans le repos, apprenez à lui faire confiance. Dieu veut être un berger pour vous, il veut conduire votre vie. Mais vous devez croire qu'il est un bon berger. Si vous choisissez d'écouter sa voix, vous ne serez privé d'aucun bien, tant sur le plan matériel qu'émotionnel, intellectuel et spirituel. Le bon Berger peut vous aider à organiser votre existence ! Il peut vous apprendre à reconnaître dans vos rythmes de vie le moment propice pour vous mettre à l'écart et vous ressourcer ou, au contraire, le moment de vous engager dans le combat. Il sait de quoi vous êtes fait et il peut vous diriger pour que vous ne passiez jamais à côté des desseins qu'il a nourris pour votre vie.

Nous devons apprendre à nous poser et à laisser notre âme guérir si nous avons été blessés, mais il nous faut aussi savoir traverser les périodes troublées et remporter la victoire. Nous sommes trop souvent dépassés, incapables d'assumer les moments difficiles et de les surmonter. Mais Dieu nous a rendus aptes à sortir vainqueurs de la vallée de l'ombre de la mort, alors franchissez-là et soyez vainqueur ! Quelles que soient les circonstances de votre vie, faites aujourd'hui confiance à la main du Berger et laissez-le vous guider.

Prière de proclamation

Père, je te remercie pour la main du Berger sur ma vie. Enseigne-moi à lui faire confiance. Je sais que je ne manquerai de rien pour mon corps, mon âme et ma pensée parce que tu me conduiras et me guideras d'une main sûre. Alors, Père, apprends-moi à écouter le son de ta voix et à te suivre. Je sais que tu me conduiras là où j'aurai la vie en abondance. Je te prie, Père, guéris mon âme – purifie-moi – touche-moi là où je suis blessé et répare ce qui est cassé. Je me livre à toi parce que tu es le bon Berger ; je suis entre de bonnes mains.

Je ne craindrai pas les sombres vallées ; tu me les feras traverser et m'apprendras à triompher ! Je te remercie, Père, d'être mon Berger et de me connaître si bien. Amen.

Jour 6

Voici les paroles que le Seigneur m'a adressées : « Avant de te former dans le ventre de ta mère, je te connaissais. Avant ta naissance, je t'ai choisi pour me servir. J'ai fait de toi mon porte-parole auprès des peuples. »

J'ai répondu : « Hélas ! Seigneur Dieu, je ne sais pas parler, je suis trop jeune. »

JÉRÉMIE 1.4-6

Pensée transformatrice

Souvenez-vous que Dieu s'est intimement impliqué en vous créant. Il n'est pas un Dieu lointain qui aurait organisé votre développement à distance. Comme un potier qui met ses mains dans la glaise, c'est lui qui a formé les parties les plus secrètes de votre être, il connaît donc vos forces et vos faiblesses. Dieu a placé son empreinte en vous. Il vous a fait dans un but ; le choix des dons en vous est unique, et il aime la couleur de votre vie ! Non seulement, il vous a conçu, mais il vous a également donné un appel et un but. Avant même d'avoir esquissé le vase, Dieu savait l'usage qu'il allait en faire et dans quel contexte. Il n'y a pas d'accident avec Dieu. Il n'y a ni rebut ni deuxième essai. Avant même que vous ayez pris conscience des

désirs profonds de votre cœur, Dieu avait déjà décidé de votre destinée. Avant même que vous soyez né de nouveau, Dieu avait planté la semence de l'éternité dans votre être intérieur pour que, au moment où vous lui donneriez votre vie, son souffle active cet appel.

Alors, désormais, laissez Dieu libérer en vous ces aspirations à son royaume. Faites-lui don de tout ce que vous êtes et faites-lui confiance ; il satisfera vos rêves les plus secrets. Ne laissez pas votre sentiment d'échec et d'inaptitude vous empêcher d'accomplir votre destinée. Nous nous sentons tous trop petits pour faire ce que Dieu nous demande, mais c'est un grand Dieu et il nous demande de collaborer avec lui. Laissez Dieu souffler sur vous et transformer ainsi l'ordinaire en extraordinaire, le naturel en surnaturel. Souvenez-vous qu'il vous connaît et vous aime comme vous êtes ; il vous a appelé et envoyé pour porter son nom. Alors débarrassez-vous de tout ce qui entrave votre marche et laissez Dieu vous révéler votre destinée. Commencez à vivre pleinement !

Prière de proclamation

Dieu, je te remercie parce que tu me connais et que tu m'as créé avec mes dons, mes aptitudes et mes rêves. Malgré mes peurs et mes faiblesses, merci parce que tu me fais confiance pour collaborer avec toi dans ton royaume. Aide-moi à écarter toute fausse excuse et rends-moi capable d'exprimer ma vraie personnalité et d'entrer dans les œuvres que tu as préparées d'avance pour moi. Père, aujourd'hui je décide d'accepter et d'honorer la personne que tu as créée, à savoir moi. Apprends-moi à vivre sans la honte de ce que je suis ! Père, je te remercie de m'avoir engendré, enseigne-moi à apprécier ce don de la vie. Amen.

Jour 7

Seigneur, tu regardes jusqu'au fond de mon cœur et tu me connais. Tu sais quand je m'assois et quand je me lève, longtemps à l'avance, tu sais ce que je pense. Tu sais quand je marche et quand je me couche, et tu connais toutes mes actions. Je n'ai pas encore ouvert la bouche, tu sais déjà tout ce que je vais dire ! Tu es derrière moi, tu es aussi devant moi, tu poses ta main sur moi. Tu me connais parfaitement. Pour moi, c'est trop beau, cela dépasse tout ce que je peux comprendre. Où aller loin de toi ? Où fuir loin de ton regard ? Si je monte au ciel, tu es là, si je me couche au milieu des morts, te voici. Si je m'envole sur les ailes du matin, pour aller au-delà des mers, même là, tu me conduis par la main et tu me tiens solidement. Je peux dire : « Je veux me cacher complètement dans l'obscurité. Que le jour devienne nuit autour de moi ! » Mais pour toi, même l'obscurité est lumière, et la nuit est claire comme le jour. Obscurité ou lumière, pour toi c'est la même chose. C'est toi qui as créé ma conscience, c'est toi qui m'as tissé dans le ventre de ma mère. Seigneur, je te dis merci parce que tu m'as créé. Oui, mon corps est étonnant et très beau. Ce que tu fais est magnifique, je le reconnais. Quand tu me formais dans le secret, quand tu me brodais dans la profondeur de la terre, tu voyais tout, rien n'était caché pour toi. J'étais à peine formé, tu me voyais déjà ! Déjà, tu avais écrit dans ton livre le nombre de jours que tu allais me donner, et pourtant, aucun n'avait encore commencé ! Ô Dieu, tes pensées sont vraiment difficiles, elles sont si nombreuses !

PSAUME 139.1-17

Pensée transformatrice

À la fin de cette première semaine, nous avons tellement besoin de comprendre à quel point nous sommes précieux pour Dieu. La vie nous donne si souvent l'impression que nous ne sommes qu'un visage insignifiant au milieu d'une énorme foule. Mais la vérité, c'est que Dieu connaît le nombre de nos cheveux sur nos têtes, qu'il pense à nous et que ses pensées sont bonnes ! Nous ne pouvons échapper à l'amour de notre Dieu. Nous sommes si précieux à ses yeux. Alors laissons l'immensité de son affection nous toucher aujourd'hui. C'est la vérité ! Vous n'êtes jamais seul ; Dieu vous connaît jusqu'au plus profond de votre être. Pour lui, vous êtes un trésor, précieux et de grand prix.

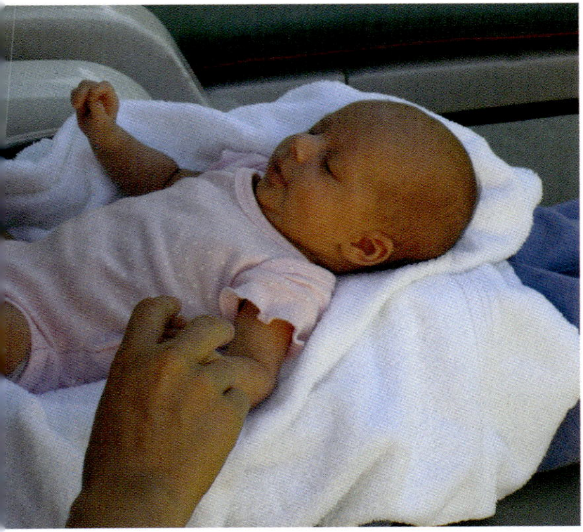

Prière de proclamation

Merci, Père, parce que lorsque je suis éveillé, et lorsque je dors, lorsque je travaille ou me repose, tu es toujours avec moi. Tu me connais au dedans et au dehors, et tu m'apprécies ! Tu es bon pour moi et je veux me reposer en toi. Je suis racheté et précieux à tes yeux. Je suis en sûreté et en sécurité. Je suis aimé, précieux, œuvre du Roi des Rois. Père, je veux marcher dans ma destinée tout entière et accomplir ce pour quoi tu m'as créé ! Je suis aimé et je veux avancer en toute liberté. Merci, Père. Amen.

DEUXIÈME PAS

Redécouvrons le leader en nous

Jour 8

Alors j'ai entendu le Seigneur demander : « Qui vais-je envoyer ? Qui sera notre porte-parole ? »
J'ai répondu : « Me voici, envoie-moi. »
Le Seigneur m'a dit : « Va dire à ce peuple... »

ÉSAÏE 6.8-9

Pensée transformatrice

Peut-être qu'en voyant le thème de cette nouvelle partie, vous êtes-vous immédiatement rétracté... Vous ne pensez pas être un meneur. Cependant nous avons tous des capacités de leadership ; nous dirigeons et influençons des gens par nos paroles et nos attitudes sans même nous en rendre compte. Mais nous avons besoin d'entendre la voix de Dieu nous diriger avant de pouvoir conduire d'autres personnes avec sagesse. Nous avons besoin d'entendre la voix de Dieu au sujet de nos enfants et pas seulement la voix de nos désirs naturels pour eux ; nous avons besoin d'entendre ce que Dieu veut pour notre travail et pas seulement ce que nous souhaitons accomplir.

Aujourd'hui, nous devons entendre la voix de Dieu qui nous appelle et nous envoie. Dieu dirigera notre regard ailleurs que sur nous-mêmes. Il nous montrera les perdus et les brisés. Dès lors que nous savons qu'il

nous aime sans condition, il nous demande de porter cet amour dans le monde qui nous entoure. Dès lors que nous avons été guéris et pardonnés, un nouveau sentiment d'urgence se lève dans nos cœurs. « Maintenant, envoie-moi. Je dois aller annoncer à quelqu'un ce qui s'est passé dans ma vie ! » Dieu se met à nous confier un message et une mission et nous nous mettons à influencer les autres avec notre bonne nouvelle ! Dieu aime notre disponibilité plus que nos capacités, il se réjouit de notre obéissance plus que de notre expérience.

Alors laissez sortir du fond de votre cœur ce cri pour chercher Dieu et lui demander de vous utiliser. Il vous a créé, il vous a racheté et il peut vous utiliser ! Nous nous cachons trop souvent derrière notre sentiment d'inaptitude, mais Dieu sait qu'il peut prendre le vase le plus faible et le rendre fort. Voulez-vous lâcher prise et permettre à Dieu d'utiliser votre vie ?

Prière de proclamation

Père, je te remercie parce que tu m'as appelé et que j'ai entendu ton appel. Aujourd'hui, je reconnais ta main bienveillante sur ma vie et je me rends compte que je peux guider ceux qui sont tourmentés et les mener vers un havre de paix. Alors, Père, parce que je vois ta main rédemptrice sur ma vie, aide-moi à être de ceux qui donnent leur vie pour aider les autres. Je te dis aujourd'hui : Seigneur, envoie-moi. Permets que j'apporte ton cœur de Père aux gens, ton message d'espoir à mon prochain. Me voici, Seigneur. Fais de moi un berger pour les autres ; je te fais confiance pour me diriger et m'enseigner ce que je devrai dire. J'abandonne ma vie entre tes mains. Dieu, utilise-moi. Amen !

Jour 9

Moïse dit au Seigneur : « Ah, Seigneur, excuse-moi ! Je ne sais pas parler. Déjà quand j'étais petit, je ne parlais pas bien. Et cela n'a pas changé depuis que tu me parles. Ma bouche n'arrive pas à dire ce que je veux. »

Le Seigneur répond à Moïse : « Qui a fait une bouche à l'homme ? Qui lui ferme la bouche ou les oreilles ? Qui lui ouvre les yeux ? Qui le rend aveugle ? Est-ce que ce n'est pas moi, le Seigneur ? Maintenant, pars ! Je serai avec toi quand tu parleras, et je t'apprendrai tout ce que tu devras dire. »

Moïse dit : « Ah, Seigneur, excuse-moi ! Envoie quelqu'un d'autre ! »

EXODE 4.10-13

Pensée transformatrice

La première fois que Dieu m'a demandé de parler en public, je me souviens que j'étais complètement terrorisée. Tout ce qui me venait à l'esprit, c'était combien j'avais dû batailler autrefois en classe pour lire à haute voix et combien je me sentais humiliée quand c'était mon tour. Mais Dieu m'a conduit à faire face au problème, me demandant de dominer ma frayeur et ma timidité. Il a récusé mes arguments et

m'a demandé si je préférais lui obéir ou obéir à mes peurs ! J'ai compris alors que j'étais comme Moïse et je me suis soumise en disant : « Dieu, je sais que je ne parle pas très bien, mais si tu veux prendre le risque de m'utiliser, j'accepte. »

Chose étonnante, j'ai découvert que Dieu est capable de se saisir de nos paroles et de les rendre intelligentes et pertinentes pour ceux qui les écoutent. Dieu peut donner une dimension surnaturelle à notre communication la plus modeste, pour pénétrer les cœurs déchirés des personnes qui nous entourent. La Parole de Dieu dans notre bouche a une grande efficacité mais nous devons ouvrir la bouche et la laisser sortir. Dieu veut nous amener à comprendre qu'il détient les clés de toutes les forces créatrices et qu'il peut transformer notre inaptitude à la parole en une habileté de communication utile entre ses mains. Il peut, de rien, créer quelque chose. Il peut obtenir que notre langue devienne son instrument de bénédiction et de liberté.

Ce texte biblique nous apprend que nous ne devons pas permettre à notre sentiment d'échec et de faiblesse de limiter la puissance créatrice de Dieu qui veut œuvrer par notre vie. Nous ne devons pas passer à côté de notre destinée en laissant la peur gouverner notre bouche.

Prière de proclamation

Seigneur, je te demande pardon pour toutes les fois où j'ai laissé la peur m'empêcher de parler alors que je savais que je le devais. Pardon de ne pas avoir cru que tu pouvais me donner les bonnes paroles au bon moment. Je sais que même quand je ne prépare pas suffisamment mes interventions en public, tu as encore le pouvoir de me donner toute l'information nécessaire. Merci, Seigneur, parce que ta main créatrice sur ma vie fait de moi un bon communicateur. Merci pour toutes les fois où tu transformeras ma langue en un instrument à ton service. Oui, Seigneur, je veux bien que tu m'utilises, et je te demande pardon pour toutes les fois où je t'ai dit que je préférerais être ailleurs ou que je t'ai demandé d'envoyer quelqu'un d'autre à ma place. Seigneur, me voici, fais de moi ton porte-parole. Amen.

Jour 10

Moïse dit au Seigneur : « Écoute, Seigneur ! Tu m'as commandé de conduire ce peuple. Mais tu ne m'as pas fait connaître celui que tu vas envoyer pour m'aider. Pourtant, c'est toi qui m'as dit : 'Je te connais par ton nom', et aussi : 'Je te montrerai ma bonté.' Et maintenant, puisque tu es bon pour moi, fais-moi connaître ce que tu veux. Ainsi, je te connaîtrai vraiment et je profiterai pleinement de ta bonté. N'oublie pas que ce peuple, c'est ton peuple. »

Le Seigneur répond à Moïse : « Je viendrai moi-même vous conduire. Tu n'as pas de souci à te faire. »

Moïse continue : « Si tu ne viens pas toi-même avec nous, ne nous commande pas de quitter ce lieu. En effet, si tu ne nous accompagnes pas, comment savoir que tu es bon pour moi et pour ton peuple ? Oui, ce qui nous rend différents de tous les peuples de la terre, c'est que tu marches avec nous, avec ton peuple et avec moi. »

EXODE 33.12-14

Pensée transformatrice

Dieu, à cet instant de notre vie, nous demande de quitter notre zone de confort afin d'avoir une influence sur la vie des personnes qui nous entourent. Mais, en acceptant ce défi, nous avons conscience que nous

avons besoin d'une relation plus profonde avec Dieu pour que notre entourage sache que c'est lui qui parle et non pas nous. Il devient impératif pour nous que l'on sache que Dieu est notre très grand trésor et qu'il est celui qui a transformé notre vie. Je me souviens du jour où l'on m'a demandé quelle était la marque du maquillage que je portais. Le vendeur disait que mon visage avait un éclat particulier et il voulait savoir ce que j'utilisais pour avoir une texture aussi fine. Pourtant, ce jour-là je ne portais aucun maquillage mais je revenais d'une réunion où j'avais vraiment été touchée par l'amour de Dieu.

Voilà ce que réclamait Moïse pour les Israélites ! Quelque chose qui les rende différents. Il voulait que les peuples alentour remarquent que Dieu était avec eux. Comme Moïse, nous voulons être les porteurs de gloire de notre temps pour que, lorsque les gens observent notre vie, ils constatent que nous sommes différents. Nous voulons que les gens remarquent qu'il y a, autour de nous, une atmosphère particulière. Nous devons être comme une race à part, porteuse d'une aura de générosité et de gratitude. Les gens ont besoin de savoir qu'il ne s'agit pas de notre heureux caractère mais que nous avons été marqués par Dieu. Nous devons être ceux qui laissent paraître la paisible présence de Dieu et sont tranquilles en toute situation. Nous devons transformer l'atmosphère de notre lieu de travail, de notre université, et être porteurs de la gloire divine au sein de cette génération.

Prière de proclamation

Père, je te demande aujourd'hui de me marquer de ta présence. Je veux être un leader qui a conscience de ta gloire sur sa vie. Je veux savoir que tu veilles sur moi et que je peux connaître le repos et la paix dans mon rôle de guide. Merci parce que je n'ai pas à vivre dans la fatigue et le stress. Imprime ta présence en moi et permets-moi de goûter à ton parfum de gloire sur ma vie. Merci ! Amen.

Jour 11

Donne tes ordres à Josué. Rends-le fort et courageux. Oui, c'est lui qui traversera le Jourdain à la tête du peuple. Et il donnera en partage aux Israélites le pays que tu vas voir.

DEUTÉRONOME 3.28

Pensée transformatrice

L'encouragement et l'affirmation sont de puissants moteurs pour nous aider à atteindre tout notre potentiel. Pourtant, bien souvent nous écartons trop vite ces paroles positives porteuses d'espoir pour accepter facilement les remarques négatives, lourdes de critiques. Aujourd'hui donc, prenez un instant pour méditer les paroles d'encouragement qui ont été prononcées sur votre vie. Elles ont un pouvoir de vie et vous aideront à garder une vision juste de qui vous êtes et de ce à quoi vous êtes appelé. Nous devons résister aux sentiments que l'accusation et le rejet font naître en nous, car ils nous distrairont toujours de notre but.

Continuez de fortifier votre esprit avec les paroles de vie. À mesure que vous vous construirez dans la vérité, vous pourrez également conduire les autres à prendre possession de leur héritage. Vous serez étonné de voir que vous saurez reconnaître leur

appel, leurs qualités et leurs talents, et vous pourrez dès lors ouvrir la bouche pour prononcer des paroles puissantes sur leur destinée. Aujourd'hui donc, rappelez-vous à qui vous appartenez et ce que vous êtes en Dieu, puis affirmez votre capacité à faire ce qu'il vous a demandé. Priez Dieu de vous envoyer vers les autres afin de les aider à entrer dans leur destinée et leur appel. Aujourd'hui, soyez quelqu'un qui a des paroles de vie pour les autres et qui les aide à croître tandis que vous les entourez d'une atmosphère d'amour et d'espérance.

Prière de proclamation

Père, mets sur mon chemin des personnes qui, par leurs paroles positives, fortifieront et encourageront le leader qui est en moi. Protège-moi de toute critique négative pour que je me sente en sécurité. Père, accorde-moi la sagesse et la force nécessaires pour encourager les gens à saisir tes promesses et leur héritage. Je veux les aider à découvrir le lieu de plénitude et d'accomplissement dans leur vie. Donne-moi, je te prie, les mots adéquats. Je crois que tu m'as investi d'un nouvel espoir et que c'est en faisant des pas dans ce sens que je recevrai de toi et des autres tous les encouragements et la force nécessaires. Père, merci parce que tu me fortifies de manière à vivre pleinement ma vie. Amen.

Jour 12

L'Éternel me dit : « Lève-toi, va, marche à la tête du peuple. Qu'ils entrent pour prendre possession du pays que j'ai juré à leurs pères de leur donner. » Maintenant, Israël, que demande de toi l'Éternel, ton Dieu, si ce n'est que tu craignes l'Éternel, ton Dieu, afin de marcher dans toutes ses voies, d'aimer et de servir l'Éternel, ton Dieu, de tout ton cœur et de toute ton âme ; si ce n'est que tu observes les commandements de l'Éternel et ses prescriptions que je te donne aujourd'hui, afin que tu sois heureux ?

DEUTÉRONOME 10.11-13 (BC)

Pensée transformatrice

Quand nous commençons à laisser Dieu utiliser notre vie pour toucher ceux qui nous entourent, il nous faut veiller à garder vive notre soif de Dieu. C'est si facile d'être tellement occupés à aider les autres que nous oublions de rester dans une position d'abandon, là où Dieu peut nous toucher au plus profond de nos attitudes et de nos émotions. Aussi, tandis que nous laissons notre assurance revenir, n'offrons aucune prise à l'ennemi qui pourrait nous accuser sur notre passé – autrement nous ferions de mauvais choix. Décidez donc de cultiver la crainte du Seigneur dans votre vie. Cela ne

signifie pas de vivre dans la peur de Dieu, mais au contraire de désirer l'honorer dans toutes les petites choses de chaque jour. En d'autres termes, parce que vous aimez Dieu, vous décidez constamment de faire ce qui l'honore, de « crainte » que votre vie puisse le décevoir. C'est la même motivation que celle des jeunes amoureux ! Ils sont capables de faire tous les magasins pour trouver le cadeau idéal, ou de rester debout toute la nuit et parcourir des kilomètres pour soutenir leur partenaire, juste parce qu'ils l'aiment et qu'ils ne veulent pas décevoir leur nouvel amour !

Dieu nous demande de faire des choix précis pour lui plaire. Alors changeons notre façon de penser, refusons tout rejet et adoptons un style de vie authentique, c'est-à-dire qui vienne du fond de notre cœur. Apprenons à être comme des amoureux vulnérables, qui laissent les autres s'approcher d'eux et sont capables de les servir et de les honorer. Soyons réactifs et faisons vite ce que Dieu nous demande sans crainte... Marchons droit !

Prière de proclamation

Ainsi, Dieu, alors que je vais de l'avant comme leader, je te prie de me qualifier pour accomplir cet appel. Aide-moi à aimer tes voies et à te servir de tout mon cœur. Permets que je ne perde jamais mon amour pour toi. Dieu, je ne veux pas faire tout ceci pour moi-même seulement, mais pour toi... Je veux être un exemple de ton mode de leadership, être quelqu'un qui aime Dieu et donc les autres. Aide-moi à t'honorer dans tout ce que j'entreprends ! Apprends-moi à choisir avec entrain tes voies. Laisse-moi t'aimer profondément et croire que tu utiliseras ma vie de manière à te bénir et bénir mon entourage. Merci pour ton amour. Amen.

Jour 13

Je t'en prie, donne-moi la sagesse et la connaissance nécessaires pour être capable de conduire ce peuple. Sinon, qui pourrait gouverner ton peuple, ce peuple si grand ? »

Dieu répond à Salomon : « Tu n'as pas demandé de grandes richesses, ni beaucoup d'honneur. Tu n'as pas demandé la mort de tes ennemis ni une longue vie. Mais tu as demandé la sagesse et la connaissance nécessaires pour gouverner mon peuple sur lequel je t'ai établi comme roi. Puisque c'est cela que tu désires, tu recevras cette sagesse et cette connaissance. En plus, je te donnerai de grandes richesses et beaucoup d'honneur. Tu en posséderas plus que tous les autres rois : ceux qui étaient avant toi et ceux qui viendront après toi. »

2 CHRONIQUES 1.10-12

Pensée transformatrice

Que demandez-vous à Dieu ? Si souvent nous ne demandons de lui que des choses très terre à terre, des biens matériels, mais aujourd'hui Dieu voudrait que vous lui demandiez des biens éternels. De quoi avez-vous besoin pour compléter vos talents et votre appel, de manière à avoir plus d'influence sur votre génération

et la guider plus efficacement ? Tandis que vous franchissez ce pas vers l'assurance que Dieu a un but pour votre vie, de quoi avez-vous besoin pour être plus efficace ? Si vous avez traversé des moments difficiles, vous pouvez être tenté de vous focaliser sur vos besoins ou même votre revanche.

Ici, Dieu félicite Salomon de ne pas avoir demandé des biens susceptibles de l'élever, ni des représailles sur ses ennemis ou leur mort, mais d'avoir demandé des dons nécessaires à son appel, pour accomplir ce que Dieu attendait de lui. Demandez à Dieu de vous rappeler pour quel service vous avez un rôle de leader à jouer, puis soyez à son écoute pour découvrir les outils et talents dont vous aurez besoin. Demandez alors précisément ces dons à Dieu. Examinez les désirs de votre cœur, formulez-les et que jaillisse le cri de tout votre être. Ensuite, observez Dieu répandre ses bénédictions sur votre vie.

Prière de proclamation

Père, je veux vraiment être un bon leader dont le cœur recherche les vraies richesses. Ne permets pas que je recherche la reconnaissance et une position importante, mais mets en moi une soif profonde des qualités spirituelles qui me rendront capable de conduire les autres. Je te demande de m'enseigner la sagesse et de m'aider à être la personne que tu aimerais que je sois. Dieu, je ne veux pas œuvrer pour ma renommée. Je ne veux pas vivre dans la crainte de ce que pensent les autres, mais je désire être sage et aider ceux que je conduis. Père, aujourd'hui je te remercie de m'avoir appelé à être un leader, et je reçois sagesse et puissance de ta part. Je te remercie car au moment où je te choisis, tu me choisis et me bénis en me donnant tout ce qui m'est nécessaire. Je serai un leader aux ressources à la fois spirituelles et naturelles. Merci !

Jour 14

Je vous donnerai des chefs qui me plaisent. Ils vous dirigeront avec intelligence et sagesse.

JÉRÉMIE 3.15

Pensée transformatrice

Voici l'étape où Dieu désire que les hommes se sentent aimés, chéris et en sécurité. La priorité de Dieu, ce sont toujours les hommes. Il aime les gens et ils représentent son bien le plus précieux. Il est un bon Berger et veut nous former de sorte que nous ayons un cœur qui réagisse comme le sien. Il veut placer en nous une authentique compassion pour autrui. Il veut des bergers dans la communauté qui réagissent comme lui, qui prennent soin des fatigués et des sans espoir, tout comme lui le fait. Il veut des bergers qui vont chercher les autres et sont prêts à aller dans les endroits difficiles pour sauver des âmes précieuses.

Quand vous regardez une personne, savez-vous vous identifier à sa souffrance – ses difficultés affectent-elles votre vie ? Soyons des bergers qui prenons exemple sur le cœur généreux de notre Père. Puis, une fois que nous aurons décidé de consacrer notre vie aux personnes en souffrance, demandons

à Dieu de nous donner la connaissance nécessaire pour leur apporter un message d'espoir. Il nous faut connaître la Parole de Dieu et comprendre les principes divins, mais ensuite posséder une sagesse bien spécifique pour comprendre chaque situation. Nous ne pouvons pas juste consulter une liste de réponses toutes faites chaque fois que nous rencontrons une personne en difficulté, mais il nous faut être des bergers capables de comprendre chaque situation, ayant passé du temps dans la prière. Je suis maman et je me suis sentie tellement petite pour « paître » mes enfants avec sagesse et intelligence ! J'ai besoin d'une intelligence renouvelée mais aussi d'une sagesse spécifique à chaque enjeu.

Prière de proclamation

Père, garde mon cœur toujours compatissant. Qu'il parle comme le tien, et que je pense comme toi quand je suis avec les gens. Dieu, je sais que mon cœur a ses propres raisons. Donc je te livre mon cœur et te demande de faire de moi un berger qui conduit comme toi tu le fais. Je crois que tu accroîtras mon intelligence et ma sagesse tandis que je corrigerai les attitudes de mon cœur. Je serais un leader qui aura un impact sur les personnes de mon foyer, de mon lieu de travail et de ma famille. Que je conduise les autres vers une passion profonde pour toi !
Amen.

TROISÈME PAS

Cultivons l'espoir

Jour 15

J'attends le Seigneur, je l'attends de tout mon cœur, j'ai confiance en sa parole. Mon cœur attend le Seigneur plus qu'un veilleur n'attend le matin, oui, plus qu'un veilleur n'attend le matin. Peuple d'Israël, attends le Seigneur avec espoir, car il est bon, il peut te délivrer de mille manières.

PSAUME 130.5-7

Pensée transformatrice

L'espoir est l'un des ingrédients essentiels d'une vie qui a du sens. Dans 1 Corinthiens 13.13, nous lisons : « Maintenant donc ces trois choses demeurent : la foi, l'espérance, l'amour ; mais la plus grande, c'est l'amour. » Donc, une des qualités qui devrait toujours être développée dans notre vie, c'est l'espérance. Elle devrait être le parfum de notre personnalité, le fondement de notre foi et de notre amour. Mais, dans la société actuelle, il y a tant de désespoir ! L'espoir est considéré comme une porte ouverte à la déception et non à l'accomplissement de nos rêves. C'est pourquoi nous avons besoin d'apprendre à espérer en Dieu, à développer ce sens de l'expectative où l'on reconnaît les promesses de Dieu et où l'on attend de voir comment elles vont devenir réalité.

Qu'est-ce que l'espérance ? Eh bien, en voici une définition : l'espérance est un désir qui nous vient de Dieu, une attente pleine de foi dans la réalisation de ses promesses. L'espérance est donc fondée sur la Parole de Dieu. Quand nous passons du temps à lire la Bible, nous disciplinons notre âme – ce lieu intime de nos désirs – à attendre en la présence de Dieu. Notre vie se fonde alors peu à peu sur des désirs divins et ceux-ci déclenchent une authentique espérance. Apprenons donc à nos émotions à attendre la voix de Dieu et à l'écouter nous révéler son dessein pour notre vie.

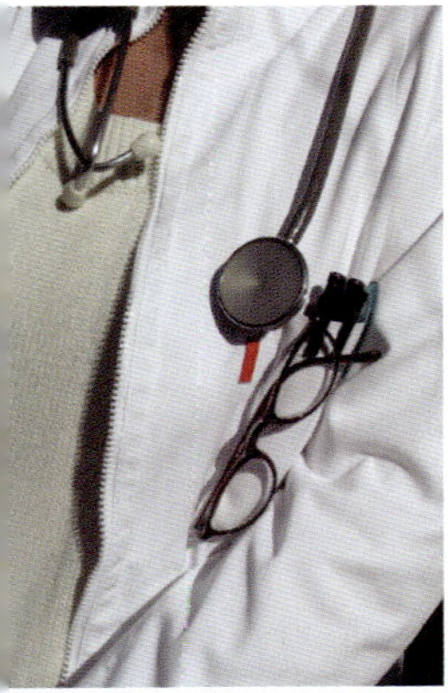

Je voulais être médecin et travailler au Népal avec la Mission Évangélique Contre la Lèpre. J'ai donc déposé une demande d'inscription à l'université, dans l'espoir profond d'obtenir une place en fac de médecine. Quand j'ai appris que j'étais refusée, tous mes rêves se sont effondrés et mon univers avec eux. Mais j'ai pris le temps d'attendre et Dieu m'a montré ce qu'il prévoyait pour ma vie. C'est alors que j'ai rencontré Gordon, et que nous nous sommes mariés. Puis j'ai entrepris des études en recherche médicale et j'ai commencé à enseigner. Aujourd'hui, j'utilise ces compétences en recherche et en enseignement, non dans le domaine médical, mais pour prêcher la Parole de Dieu. À dix-neuf ans, j'avais perdu tous mes espoirs, mais aujourd'hui je constate que Dieu savait ce qu'il faisait, et j'ai réalisé plus de rêves que je ne pensais possible.

Alors, aujourd'hui, placez vos espoirs en Dieu et demandez-lui de vous aider à les purifier pour qu'ils soient fondés sur sa Parole.

Prière de proclamation

Merci, Père, pour ce lieu de repos où tu viens nous rencontrer. C'est là que mon cœur t'attend. Je verrai alors peu à peu mes rêves devenir réalité et mes espoirs se concrétiser. Tu guériras les blessures à l'endroit où mes rêves ont été brisés et tu me donneras de nouvelles perspectives. Merci ! Aujourd'hui, en pensant à cette qualité qu'est l'espérance, je souhaite que mes aspirations soient ranimées. Rappelle-moi les promesses que tu m'avais faites autrefois et aide-moi à espérer encore. Enseigne-moi, Père si précieux, à mettre de nouveau ma confiance en toi. Je te donne tous mes désirs concernant ma vie, mes relations, mon travail et mon argent et je te demande de m'apprendre à m'attendre à toi aujourd'hui. Amen.

Jour 16

Alors tu auras un avenir, et ton attente ne sera pas déçue.

PROVERBES 23.18

Oui, moi, le Seigneur, je connais les projets que je forme pour vous. Je le déclare : ce ne sont pas des projets de malheur mais des projets de bonheur. Je veux vous donner un avenir plein d'espérance. Vous ferez appel à moi, vous viendrez me prier, et je vous écouterai. Vous me chercherez, et vous me trouverez. Oui, je le déclare, moi, le Seigneur : si vous me cherchez de tout votre cœur, je me laisserai trouver par vous.

JÉRÉMIE 29.11-14

Pensée transformatrice

Espérer en Dieu vous permettra d'être en paix au sujet du lendemain. Comme je vous le racontais hier, à dix-huit ans je croyais savoir de quoi serait fait mon avenir : je servirais comme médecin au Népal. Mais ce projet était inspiré par mes peurs et fondé sur mes émotions ; il n'était pas né dans la prière et la recherche du conseil de Dieu. Comme le but était le service chrétien, tout le monde, moi comprise, pensait que cette idée devait venir de Dieu.

Mais quand tout est allé de travers, je me suis mise à prier et j'ai compris que Dieu avait d'autres plans qu'il m'appartenait de découvrir ! Dieu a des projets pour vous et ces projets sont certains. Votre avenir est plein d'espérance car les desseins de Dieu sont bons et parfaits. Le défi qui s'offre à vous est de les discerner ! Dieu a un plan pour votre vie qui comblera chaque rêve, chaque aspiration ; il vous donnera espoir et vous apportera de réelles satisfactions.

Mais nous devons prendre le temps de rechercher quel est ce plan. Pour cela, il est nécessaire de nous connecter davantage à Dieu. Entrons donc dans ce nouveau lieu d'espérance où nous savons que Dieu va nous dévoiler ses plans et que nous allons faire ce qu'il faut quand il faut. Dieu veut nous donner un projet de vie et il le fera. Mais comment écoutons-nous ? Prenons le temps d'écouter, et croyons que nos élans et nos pensées sont alors inspirés par Dieu. Quand nous demandons à Dieu de parler et que nous prenons le temps de l'écouter, je crois que ce qui nous vient à l'esprit vient bien de lui.

Aujourd'hui, tant de gens dans notre société ont perdu espoir et n'ont aucune assurance quant à l'avenir ! Demain est un sujet d'accablement et de lassitude. Malheureusement nous assistons à une augmentation des taux de suicide, surtout parmi les jeunes parce qu'un sentiment d'impuissance leur a volé l'espoir d'un lendemain. Mais votre Dieu aime vous donner de l'espoir pour demain ! Alors aujourd'hui, laissez les paroles de Dieu créer en vous une nouvelle assurance par rapport à votre avenir. Sachez que Dieu contrôle parfaitement toute situation et qu'il a de bons projets pour vous.

Prière de proclamation

Jésus, en cet instant je sais que tu tiens tous les détails et toutes les étapes de mon avenir entre tes mains. Aussi, je te remercie de ce que mes rêves d'avenir ne me mèneront pas à la déception. Merci, Père, pour cette parole que tu prononces sur ma vie. Il y a un espoir d'avenir pour moi, et mon espérance ne me sera pas enlevée. Merci parce que je peux te faire confiance à chaque étape de ma vie et parce que tu conduis mes décisions. Enseigne-moi à croire avec plus de conviction que, si je te demande de me révéler mon avenir, tu me répondras. Apprends-moi à croire que tu guideras chacun de mes pas. Père, merci de m'avoir donné ce nouvel espoir pour mes lendemains.
Amen.

Jour 17

Mais ceux qui mettent leur espoir dans le Seigneur retrouvent des forces nouvelles. Ils s'envolent comme des aigles, ils courent sans se fatiguer, ils avancent sans s'épuiser.

ÉSAÏE 40.31

Pensée transformatrice

Quand vous vous sentez dépassé par les événements, quel est votre lieu de ressourcement ? Nous nous surprenons si souvent à dire : « Je n'en peux plus, il me faut un café ! » Mais c'est sans doute un peu plus de ressources émotionnelles qu'il nous faut pour traverser une période difficile ; où allons-nous les trouver ? Apprenons à nous tourner vers Dieu et à trouver en lui ressources et recentrage. Si nous espérons vraiment en lui, si nos vies s'appuient sur sa bonté,

alors quand nous aurons besoin d'énergie et de vision nouvelles, nous le chercherons. Parvenez-vous à vous appuyer sur lui et à espérer en lui quand vous avez besoin d'y voir plus clair ? « Seigneur, je suis fatigué et chargé, mais si je dépose mes désirs et mes attentes entre tes mains, je sais que ma foi sera fortifiée, mon assurance de ta bonté renouvelée et que j'y arriverai. »

Quand nous espérons vraiment en Dieu, nous voyons émerger des forces nouvelles pour combler les vides qui produisent souci et angoisse et épuisent nos réserves émotionnelles. Notre force vient de cette nouvelle certitude au sujet de Dieu : il est capable de nous soutenir dans notre lutte pour la réalisation de nos rêves.

Alors que notre conviction s'affirme, nous sommes à même de voir nos problèmes autrement. Nous nous élevons au-dessus d'eux et ils ne nous écrasent plus. Nous volons sur les ailes de l'espérance et une nouvelle joie s'éveille en nous. Nous nous hissons au-dessus du sentiment d'accablement et nous trouvons une nouvelle vigueur pour avancer. Nous nous souvenons pourquoi cette situation nous importe tant et nous voulons voir les promesses de Dieu se réaliser. Un nouvel espoir et une nouvelle attente se font jour et nous avons envie de courir vers les desseins de Dieu portés par une

nouvelle vision. Notre pas prend un nouvel élan et notre cœur se ravive d'assurance. Le poids de ce temps d'attente disparaît et nous sentons à nouveau la promesse d'un progrès.

Si nous voulons avancer vers la réalisation de nos espoirs et de nos rêves, continuons à nous appuyer sur Dieu. Lorsque nous comptons sur lui, nous rompons la monotonie de ce temps d'attente et nous ne perdons pas courage. Si vous apprenez à réagir ainsi, vous serez capable de courir jusqu'au but, de briser le pouvoir de la lassitude et d'avancer vers votre destinée. Alors, aujourd'hui, espérez en Dieu et apprenez à vous élancer, à courir et à terminer la course !

Prière de proclamation

Jésus, aujourd'hui je te demande de susciter un nouvel élan en moi. Aide-moi à trouver de nouvelles forces. Que ces forces réveillent mes attentes de choses meilleures et que je m'élance de nouveau au-dessus de ce qui me pèse. Mais, Jésus, tu connais mes craintes d'épuisement. Alors, tandis que je parcours ce chemin d'espérance, enlève ces peurs et montre-moi que je peux courir sans m'épuiser ! Amen.

Jour 18

Un espoir différé rend le cœur malade,
Mais un désir qui aboutit est un arbre de vie.

PROVERBES 13.12 (BC)

Alors tu le sauras : je suis le Seigneur, et ceux qui mettent leur espoir en moi ne seront pas déçus.

ÉSAÏE 49.23

Pensée transformatrice

Quand on demande aux croyants s'ils connaissent un verset de la Bible sur l'espoir, beaucoup citent le proverbe : « Un espoir différé rend le cœur malade... » mais ils finissent rarement la phrase ! De ce fait, ils ont le sentiment que l'espoir est une attente inutile, n'apportant que peine et déception. La devise de bon nombre d'entre nous pourrait être : « Il ne faut jamais trop espérer pour ne pas être déçus. » Mais alors, nous avons oublié la suite du verset ! Nous voyons donc que l'espoir peut générer soit une attente trop longue provoquant amertume et déception, soit un cheminement conduisant à un arbre de vie ! Cela dépend où nous avons placé notre espoir, mais aussi si nous l'avons réellement mis en œuvre. Car l'espoir a besoin d'engagement. Nos désirs et nos rêves aboutiront, à la seule condition de parcourir le chemin jusque-là.

Ainsi donc, lorsque nous réfléchissons à l'objet de notre désir, plutôt que de songer à la longue attente et à la frustration qui l'accompagne, souvenons-nous des autres textes bibliques qui nous promettent que notre espérance est sûre et ne débouche sur aucune déception. Examinons la façon dont nous pensons. Winston Churchill l'a bien exprimé dans une de ses célèbres citations : « Le pessimiste voit la difficulté dans chaque opportunité. L'optimiste voit l'opportunité dans chaque difficulté. » Adoptons l'attitude qui envisage chaque opportunité avec espoir et vivons dans l'assurance de l'intervention de Dieu en notre faveur sachant qu'il nous donnera le meilleur.

Si nous constatons maintenant que nous sommes devenus désillusionnés, alors demandons à Dieu de nous rendre de nouveau capables de croire et de rêver. Nous ferons tous un jour ou l'autre l'expérience de la trahison, de l'amitié brisée ou de l'emploi parfait qui nous passe sous le nez, réduisant nos désirs à néant. Alors, laissons l'espoir renaître après ces épisodes malheureux. Regardons les choses sous un autre angle : espérons en Dieu et laissons-le effacer la peine de nos anciennes déceptions. En somme,

demandons à Dieu de nous montrer qu'il est vraiment Seigneur. C'est de cette conviction que naîtra la certitude que ceux qui espèrent en lui ne seront pas déçus. Que cette assurance de la seigneurie de Dieu grandisse en vous, jusqu'au jour où vous pourrez dire que vous savez sans l'ombre d'un doute que Dieu est bon et que vous n'êtes pas déçu par cette espérance !

Prière de proclamation

Jésus, je sais que tu as des projets pour moi et donc je serai confiant. Merci parce que c'est en te cherchant, que je trouverai et connaîtrai ces chemins parfaits. Ainsi, Père, apprends-moi à venir à toi, à prier et à t'écouter tout à nouveau. Merci parce que je sais que je serai trouvé par toi et que l'espoir qui grandit dans mon cœur ne me décevra pas. Merci parce que c'est en apprenant à te connaître que mes espoirs seront satisfaits. Touche-moi, je te prie, là où mon cœur est malade et déçu, et ranime l'espérance dans mon esprit. Merci ! Amen.

Jour 19

Il n'y avait plus d'espoir, et pourtant Abraham a espéré. Il a cru en Dieu et pour cela, il est devenu « le père de beaucoup de peuples ». Les Livres Saints le disent : « Ceux qui vont naître de toi seront très nombreux. » La foi d'Abraham est restée solide, pourtant il avait à peu près cent ans. Et il le savait : son corps était déjà comme mort et Sara ne pouvait pas avoir d'enfant.

ROMAINS 4.18-19

Pensée transformatrice

Il y a des moments dans la vie où tout semble indiquer que la réalisation de nos rêves est désormais impossible et notre espérance pure imagination. Mais nous voyons ici qu'en dépit des faits constatés, Abraham a gardé courage et lutté pour cet espoir.

Il y a quelques années, un couple en mal d'enfant m'a mise au défi d'espérer contre toute espérance. Les analyses médicales étaient très négatives, mais ils avaient reçu de Dieu la conviction qu'il leur donnerait une famille. Nous avons donc prié et la jeune femme est devenue enceinte. Elle a porté ses jumeaux presqu'à terme mais, hélas, ils n'ont pas survécu à l'accouchement. Effondré, le couple a découvert ensuite que, du fait des complications, l'éventualité d'une nouvelle grossesse était encore réduite. Cependant, lorsque je suis retournée dans leur église aux États-Unis, ils m'ont demandé de prier pour eux. Au bout d'un certain temps, la jeune femme s'est trouvée de nouveau enceinte et, cette fois, elle a donné naissance à une petite fille en bonne santé.

Mais ils ont dû encore lutter pour la réalisation de leur désir en disant : « Dieu nous a promis une famille, pas seulement un bébé ! » Nous avons encore prié et elle a, une nouvelle fois, attendu un enfant et donné naissance à une petite fille en bonne santé. Alors que tous les faits indiquaient clairement : « Vous ne pouvez pas avoir d'enfant ! » ils ont lutté, espérant contre toute espérance, contre toute attente de leur entourage, et la parole de Dieu s'est révélée fiable.

Martin Luther King déclarait ceci : « Si vous perdez espoir, vous perdez du même coup cette vitalité qui garde la vie en mouvement, vous perdez le courage d'être, cette qualité qui vous permet de continuer en dépit de tout. Donc, aujourd'hui, j'ai encore un rêve... » Si nous voulons continuer à avoir des rêves, apprenons, nous aussi, à lutter pour leur réalisation ! Ne laissons pas les espoirs différés nous décourager, mais croyons que Dieu a toujours le dernier mot.

Prière de proclamation

Père, quand je regarde ma vie et mes limites, je n'ai pas la force de lutter et d'espérer contre toute espérance. Mais merci parce que l'essentiel n'est pas dans mes ressources, mais dans tes ressources ! Ainsi, j'ai la conviction que, même quand j'ai l'impression que mon corps est mort, je peux encore accomplir tout ce que tu m'as demandé de faire. Aujourd'hui, accorde-moi la grâce de voir la réalité, mais de considérer aussi un Dieu capable de pénétrer dans mon monde et de répondre à mes cris. Père, je sais que tu peux accomplir ta parole dans ma vie. Comme Abraham,
accorde-moi le courage
d'espérer contre toute
espérance. Amen.

Jour 20

...Et nous sommes fiers parce que nous espérons recevoir la gloire de Dieu. Bien plus, nous sommes fiers parce que nous souffrons. Nous le savons : la souffrance rend patient, et quand quelqu'un est patient, il reste fidèle malgré les difficultés. Celui qui est fidèle garde l'espérance, et cette espérance ne trompe pas. En effet, Dieu a répandu son amour dans nos cœurs par l'Esprit Saint qu'il nous a donné.

ROMAINS 5.2-5

Pensée transformatrice

En ce temps de lutte, nous percevons le changement d'atmosphère. Nous pouvons commencer à nous réjouir parce que nous savons que Dieu contrôle la situation. Nous pouvons avoir de la joie parce que nous mettons notre espoir en un Dieu qui débloque les situations et manifeste sa gloire. Mais ce texte biblique nous invite aussi à comprendre le chemin par lequel ce progrès doit passer. Oui, nous nous réjouirons d'avoir part à la gloire de Dieu, mais c'est en persévérant que nous y prendrons part. Avons-nous découvert cette attitude qui se réjouit autant dans le combat que dans la victoire ? Voilà le défi que Dieu nous lance.

Savons-nous vraiment, au plus profond de nous-mêmes, que dans ces périodes éprouvantes, Dieu ne nous veut aucun mal mais qu'il nous forge pour son dessein ? Ces temps de lutte produisent de l'or qui dure à toujours ! Je me souviens avoir appris quelques-unes de ces leçons, en 1984, après mon accident de la route. J'avais vingt-quatre ans et un bébé de six mois. Je gisais sur la route d'Harare au Zimbabwe, quand Dieu a guéri le traumatisme crânien provoqué par une embolie graisseuse.

J'ai alors été rapatriée en Angleterre pour être soignée. Mes deux jambes étaient sévèrement fracturées, j'étais en chaise roulante et j'avais mal continuellement. J'avais l'espoir en la promesse d'un complet rétablissement et je croyais que je marcherais bientôt à nouveau. Mais ce parcours a pris presque quatre ans. Je portais cet espoir dans mon cœur, mais il y a eu bien des déceptions lors des visites à l'hôpital. Mes os ont mis des mois à former le cal et je restais confinée dans ma chaise roulante alors que mon bébé grandissait et apprenait à marcher et courir !

Je ne comprenais pas pourquoi c'était si long et j'étais déçue par Dieu. Ne voulait-il pas me guérir ? Puis, un jour, Dieu m'a parlé : « Rachel, tu dois te souvenir que le processus est aussi important que le résultat, ne rate pas le trésor qui se trouve sur ce chemin ! » J'ai compris alors que tout ce que je voulais, c'était le résultat – des jambes guéries – mais Dieu me montrait tous les autres trésors sur le chemin que j'avais manqués ! J'ai alors pleuré et demandé à Dieu de m'aider à me réjouir aussi du chemin lui-même.

Enfin, un jour, lors d'une réunion à l'église, Dieu a touché mes jambes et m'a guérie, et depuis lors, je marche sans douleur. Ce jour-là, alors que je me tenais débout et priais dans l'église, Dieu m'a dit : « Rachel, je t'aime et je voulais guérir cette infirmité

de l'intérieur ! » Souvenez-vous que l'espérance ne déçoit pas, parce que le Seigneur a répandu son amour dans nos cœurs.

Prière de proclamation

Jésus, même s'il y a eu des moments difficiles, je sais que ce chemin a un sens et que la vie grandit dans les difficultés. Père, permets que je voie tout ce que cette période a produit dans ma vie – ouvre mes yeux sur le chemin parcouru et renouvelle en moi la certitude que tu fais tout pour travailler mon caractère… Je peux espérer que toutes choses concourent à mon bien. Père, fais-moi connaître ton amour manifesté aujourd'hui dans ma vie et aide-moi à me concentrer sur le trésor de ce chemin jusqu'à ce que je voie la pleine gloire de l'issue finale. Amen.

Jour 21

Que Dieu, qui donne l'espérance, vous remplisse de paix et de joie à cause de votre foi ! Alors vous serez pleins d'espérance par la puissance de l'Esprit Saint.

ROMAINS 15.13

Pensée transformatrice

Aujourd'hui, tandis que vous franchissez le pas de l'espoir, laissez Dieu réactiver vos désirs. Que le flot de son Esprit inonde votre vie pour que de nouvelles perspectives fleurissent dans votre cœur. Souvenez-vous que l'espérance est un désir donné par Dieu, une attente pleine de foi dans la réalisation de ses promesses. Invitez donc Dieu à venir vous remplir d'un sentiment nouveau de joie et de paix. Que la certitude de l'accomplissement de ses promesses vous remplisse. Mais laissez aussi la paix gérer vos émotions, laissez Dieu vaincre toutes les peurs qui hurlent : « N'espère rien ! Tu seras toujours déçu ! » Laissez ce Dieu de l'espérance vous combler !

Examinez aujourd'hui votre cœur et voyez les domaines où la désillusion et le pessimisme ont dominé votre façon de penser ; demandez à Dieu de vous changer. Là où vous vous êtes replié sur vous-même, Dieu veut que vous débordiez. Peut-être avez-vous l'impression de n'avoir rien à offrir car vous êtes en pleine période de lutte, mais Dieu peut vous remplir et faire de vous un secours pour les autres. Cela ne dépend pas de vos capacités mais de la capacité de Dieu insufflée dans votre vie. J'ai si souvent eu le sentiment de n'avoir rien à donner, mais tandis que je commençais à le faire, je découvrais que Dieu m'avait d'abord donné !

Alors aujourd'hui, quand vous sortirez, demandez à Dieu de vous montrer quelqu'un à qui vous pourrez apporter ce message d'espoir. Je me souviens, il y a quelque cinq ans, je me trouvais en Irlande du Nord pour mon ministère. J'avais très mal à la gorge et je me demandais comment j'allais parler quand ce serait mon tour, mais j'ai décidé d'aller à la réunion. Quand je suis entrée dans la salle, on servait encore le café, je me suis donc assise avec une dame et nous avons bavardé un moment. Elle m'a dit être venue à cette rencontre en tout dernier recours. C'était l'anniversaire de sa fille mais celle-ci s'était enfuie de la maison, se droguait et elle ne l'avait pas vue depuis des années.

Tandis qu'elle présentait tout le désespoir de la situation, je me suis mise à pleurer. J'ai alors senti que Dieu me donnait une parole d'espoir. « Je crois que votre fille est comme le fils prodigue, lui ai-je dit. Elle est à bout et veut rentrer à la maison. Préparez-vous, elle va revenir et Dieu vous montrera alors comment l'aider. » Cette femme a souri d'un air las et nous avons prié. Puis, elle s'est levée pour rentrer chez elle.

Quelques mois plus tard, j'ai appris que la jeune fille était rentrée à la maison le lendemain. La maman s'y était préparée et aujourd'hui cette chère enfant a fini ses études de théologie et sert le Seigneur avec zèle.

Maintenant, c'est votre tour ! Vous allez déborder par le pouvoir du Saint-Esprit qui vous habite, et vous serez un messager d'espoir pour bien des personnes accablées.

Prière de proclamation

Jésus, je t'ouvre encore ma vie et te demande de me remplir d'un nouvel élan d'espoir. Comble-moi, précieux Saint-Esprit. Je te remercie pour ta joie et ta paix sur le chemin que j'emprunte actuellement... Approfondis ma confiance en toi et aide-moi à savoir que ma vie déborde effectivement de toi. Je te remercie pour la puissance du Saint-Esprit qui vit en moi... Que tu sois encore plus en moi, Jésus – emplis-moi plus de toi ! Apprends-moi à déborder de ce même espoir pour les autres. Que j'apprenne à recevoir de toi et ensuite à donner cet espoir. Qu'une atmosphère d'espérance et de bénédiction émane de ma vie. Merci, Père. Amen.

QUATRIÈME PAS

Réformons notre pensée

Jour 22

« Il possède un esprit extraordinaire, il sait juger de tout et il est intelligent. Il sait aussi expliquer les rêves, comprendre les questions compliquées, trouver des solutions aux problèmes difficiles. Fais donc venir Daniel, à qui ton père a donné le nom de Beltassar. Il t'expliquera ce qui est écrit sur le mur. »

DANIEL 5.12

Pensée transformatrice

Nous les croyants sommes souvent préoccupés par l'état de notre cœur, mais ne savons pas trop quoi faire de notre intelligence. L'Église même peut nous donner l'impression que notre intelligence est un obstacle à Dieu ! Mais je crois que Dieu veut des gens intelligents, bien informés, qui l'aiment de tout leur cœur ! Il y a trois ans, mon mari et moi-même avons déménagé à Oxford pour exercer la fonction de pasteurs dans cette ville universitaire. Nous avons vite découvert que notre église était pleine de jeunes gens incroyablement doués, mais beaucoup se sentaient coupables de leur intelligence.

J'ai aussi rencontré de nombreuses personnes à qui leurs enseignants, quand ils étaient enfants,

avaient collé l'étiquette qu'ils étaient sots et qu'ils ne feraient jamais rien de bien ! Aujourd'hui, on parle de la difficulté d'apprentissage des enfants et de l'augmentation du trouble déficitaire de l'attention (TDA) ainsi que de la dyslexie. Mais je sais que Dieu veut guérir notre intellect et nous délivrer de toute honte. Si donc nous voulons accomplir notre destinée, laissons Dieu nous toucher pour libérer le potentiel de notre intelligence et guérir nos cœurs.

Dernièrement, lors d'une conférence à Portland, aux États-Unis, j'ai proposé un moment de prière pour ceux qui désiraient que Dieu touche leur intelligence – peut-être estimaient-ils avoir été mis dans la catégorie des « super intelligents » ou des « idiots ». À l'issue de l'appel que je leur ai adressé, quel étonnement de voir des centaines de gens s'avancer, dont beaucoup avaient le visage ruisselant de larmes ! J'ai compris ce jour-là la nécessité de nous aider mutuellement à renouveler notre intelligence et réformer notre façon de penser. Habituellement, c'est cet espace entre nos deux oreilles qui détermine le cours de notre vie ! Quand l'ennemi nous convainc que nous sommes stupides ou étranges, il ouvre une porte au sentiment de rejet. Nous nous mettons alors en retrait, le cœur blessé, et perdons espoir en l'avenir.

Aujourd'hui, apprenez que votre intellect est un don de Dieu. Certains sont capables de lire d'énormes livres et de parler plusieurs langues, d'autres ont des talents artistiques, et d'autres encore sont dotés de bon sens qui sauve des tas de gens de catastrophes ! Mais nous avons tous une tête et nous pouvons demander à Dieu de bénir nos capacités intellectuelles afin d'en tirer le meilleur parti et de les utiliser pour lui.

Prière de proclamation

Père, je te remercie pour la faculté d'imagination et la créativité que tu m'as données. Je te remercie de m'avoir rendu capable de penser clairement, d'emmagasiner des connaissances et de les comprendre. Maintenant je bénis ma faculté de réfléchir, d'apprendre, de concevoir et de communiquer. Maintenant, je brise toute peur qui me fait croire que je ne sais pas réfléchir, que je ne suis pas intelligent ou que je vais perdre la raison. Merci parce que tu as créé mon cœur et mon intellect pour qu'ils fonctionnent ensemble ; ils ne sont pas séparés. Tu m'as fait à la fois capable de penser et de ressentir... Merci à toi de toucher mon intelligence. Amen !

Jour 23

Mais Jésus se retourna et dit à Pierre : « Va-t-en ! … Satan ! Tu es en train de me tendre un piège. En effet, tu ne penses pas comme Dieu, mais comme les hommes. »

MATTHIEU 16.23

Les Livres Saints disent : « Qui connaît la pensée du Seigneur ? Qui peut lui donner des conseils ? » Eh bien, nous, nous avons la pensée du Christ.

1 CORINTHIENS 2.16

Pensée transformatrice

Notre façon de penser peut souvent devenir un frein à l'accomplissement des desseins de Dieu dans notre vie. Nous lisons ici l'histoire de Pierre qui avait laissé ses émotions et sa logique humaine diriger sa réflexion. Il ne voulait pas que Jésus aille à Jérusalem, parce que c'était dangereux. Les processus de déduction qu'on nous a inculqués peuvent être contraires à la vie de foi que nous sommes appelés à mener. La vie chrétienne n'est pas toujours une question de bon sens ! C'est pourquoi, demandons à Dieu de nous enseigner une nouvelle façon de prendre nos décisions et de penser.

Je me souviens, quand Dieu nous a demandé de partir en mission en Afrique, j'étais très préoccupée de ce que nous coûterait l'aventure. Nous avions vendu notre voiture, notre maison et notre commerce et n'avions pas de soutien financier suffisant. Puis Dieu nous a mis au défi de laisser nos dernières économies à un pasteur qui avait besoin d'une voiture. Donner cet argent paraissait irresponsable alors que nous avions un bébé. Mais nous avons fait don de nos économies et sommes partis pour l'Afrique. Je suis alors devenue enceinte de notre fils David.

La crainte de manquer d'argent est devenue un vrai blocage dans ma vie jusqu'au jour où Dieu m'a lancé un défi. « Rachel, m'a-t-il demandé, es-tu convaincue que je récompense ceux qui travaillent pour moi ? Crois-tu que je sois en mesure de payer les frais médicaux pour l'accouchement en Afrique ? Travailles-tu pour moi, ici en Afrique ? Crois-tu que je suis un bon patron ? » J'ai pleuré et demandé à Dieu de me donner la bonne façon de penser à propos de l'argent. Puis, quelques jours après, nous avons reçu au courrier deux dons qui couvraient tous les soins médicaux liés à la naissance de David. Dieu est fidèle et j'ai appris là une leçon sur la manière de considérer l'argent dans le Royaume de Dieu. Si Dieu a conçu un projet pour vous, il pourvoira à tous vos besoins !

Prière de proclamation

Père, je te remercie
de m'apprendre à
considérer les choses
de la bonne manière.
Aide-moi, s'il te plaît,
à faire en sorte que
mon intellect soit au diapason de ta pensée dans chaque situation. Père, ne permets pas que mon intelligence devienne une pierre d'achoppement dans ma vie. Apprends-moi à penser d'une manière qui t'honore plutôt que d'être enfermé dans une pensée rationnelle. Père, donne-moi la pensée de Christ. Oins mon intelligence pour qu'elle réagisse à la manière de Christ lui-même ; ainsi, je penserai comme lui et mon intelligence ne sera jamais un frein mais plutôt un moyen pour apprendre les voies de Dieu. Aide-moi à apprendre d'avantage à utiliser mon intelligence pour toi. Merci. Amen.

Jour 24

Ne laissez pas le monde vous enfermer dans un moule, mais que Dieu remodèle vos pensées de l'intérieur, afin que vous deveniez la preuve vivante que le plan de Dieu est bon, qu'il répond à ses exigences et conduit vers une maturité authentique.

ROMAINS 12.2 (ADAPTATION LIBRE)

Non, les armes qui nous servent à lutter ne sont pas des armes humaines. Mais leur force vient de Dieu pour détruire tout ce qui lui résiste. Nous détruisons les façons de penser qui sont fausses. Nous renversons tous les raisonnements que des orgueilleux opposent à la connaissance de Dieu. Nous voulons changer l'esprit des gens pour qu'ils obéissent au Christ.

2 CORINTHIENS 10.3-5

Nous avons la pensée du Christ.

1 CORINTHIENS 2.16

Pensée transformatrice

J'aime cette adaptation libre de Romains 12.2. En effet, la pression exercée par la société sur notre façon de penser est si subtile que nous ne réalisons souvent pas que nous nous sommes écartés de la foi et de la pureté. Notre intelligence est marquée par ce monde ! Il nous faut la laver dans la vérité de la Parole de Dieu, ou nous perdrons très rapidement nos points de repère. Chacun de nous a besoin d'un « lavage de cerveau » régulier ! Il est si facile pour notre pensée d'être sous l'influence des médias et de perdre notre lucidité sur le bien et le mal. Dans notre société où l'on ne croit pas à la vérité absolue, il est nécessaire d'imprégner notre vie de la Parole de vérité.

Il se livre une véritable bataille dans nos pensées. Le combat quotidien de la foi se situe entre nos deux oreilles. Il nous faut nous emparer de la puissance divine pour résister aux arguments, tromperies et faux-semblants, contraires au plan de Dieu pour notre vie. Il nous faut rendre captifs ces pensées et modes de pensée qui enferment notre destinée et limitent notre foi. Tout ce qui éveille l'incrédulité et la peur doit être combattu par la foi, de manière à ne construire aucune forteresse de pensée qui résiste à la vérité de Dieu. Faisons prisonnières ces pensées qui voudraient nous enfermer ! Il est temps de saisir la puissance de Dieu et de nous battre pour libérer notre pensée !

Prière de proclamation

Père, je te remercie de ce que je peux avoir la pensée de Christ. Je te demande maintenant de purifier mes modes de pensée de toute mauvaise influence humaine et spirituelle. Viens purifier mon esprit de tout rationalisme et esprit religieux qui t'offensent. Merci de me donner le pouvoir de gagner cette bataille. Veuille donc me protéger de tout esprit politiquement correct et des pressions extérieures qui risquent d'influencer ma façon de réfléchir. Donne-moi chaque jour la pensée de Christ. Merci, Père, de ce que je n'ai pas à mener ce combat par des moyens humains car tu me donnes toi-même la puissance de lutter et de vaincre. Merci parce que toute pensée qui me retient captif devra céder ; je n'ai pas à m'effrayer. Tu es le Seigneur de mon esprit et tu m'as donné le pouvoir de vaincre. Je te remercie pour la puissance divine de ta Parole agissant contre mes mauvais penchants. Amen.

Jour 25

« Il y a des choses que les yeux ne voient pas. Les oreilles ne les entendent pas, les êtres humains n'y ont jamais pensé. Eh bien, ces choses-là, Dieu les a préparées en faveur de ceux qui ont de l'amour pour lui. »

1 CORINTHIENS 2.9

Tu dois aimer le Seigneur ton Dieu de tout ton cœur, de toute ton âme, de toute ton intelligence et de toute ta force.

MARC 12.30 (BFC)

Pensée transformatrice

Si nous analysons le privilège que nous avons d'avoir une relation avec Dieu, nous en sommes tout abasourdis. Je trouve encore si incroyable de penser que ce Dieu puissant et merveilleux m'aime et prend soin de moi dans chaque détail de ma petite personne ! Laissons la révélation inouïe de son amour pénétrer notre pensée. Bien sûr, il n'en demeure pas moins insondable. Car, non seulement Dieu m'aime aujourd'hui, mais il a décidé de m'aimer toujours et il me prépare un bel avenir ! Son amour nous poursuit, nous pardonne et nous guérit, puis il nous bénit et pourvoit à nos besoins ! Aucun de nous

ne mérite un amour aussi généreux – c'est époustouflant ! Cette profondeur de l'amour de Dieu est complètement déraisonnable, mais si merveilleuse !

Ensuite Dieu nous lance ce défi : « M'aimeras-tu aussi ? » Dans Marc 12.30, Jésus nous demande d'aimer Dieu de toutes les composantes de notre être. En premier lieu, il nous demande d'aimer le Seigneur notre Dieu « de tout notre cœur et de toute notre âme », ce qui représente l'endroit naturel pour exprimer notre amour. Puis, le défi va plus loin : aimez maintenant le Seigneur de toute votre intelligence ! Comment exprimer mon amour envers ce Dieu étonnant « de toute mon intelligence » ?

Je me souviens que mon mari Gordon me disait, au début de notre mariage : « Rachel, j'apprécie quand tu me dis que tu m'aimes, mais quand tu me dis que tu as vraiment confiance en moi, je nous sens encore plus proches ! » L'expression sincère de la confiance en mon mari, lui montrait que notre relation était plus qu'une connexion de cœur. J'avais bien réfléchi à notre relation et j'en avais conclu, avec mon intelligence, que je pouvais lui faire confiance.

Avez-vous confiance en Dieu quand les circonstances sont insensées ? Votre intelligence peut-elle recevoir des informations contradictoires et dire encore : « Je l'aime et je lui fais confiance » ? Demandez aujourd'hui à Dieu de vous apprendre à approfondir votre amour pour lui dans vos modes de pensée et de toute votre intelligence.

Prière de proclamation

Dieu, je te remercie pour ta bonté et tes plans pour moi qui vont totalement me stupéfier ! Merci d'avoir préparé des choses pour moi qui bouleversent ma façon de penser, tant elles sont grandes, et elles le sont parce que tu m'aimes. Père, aide-moi à te faire confiance quand bien même je ne parviens pas à tout maîtriser. Aide-moi à reconnaître tes bienfaits même quand je ne saisis pas intellectuellement les différentes étapes du processus. Je sais que tu m'aimes et que tu as prévu de bonnes choses pour moi, mais j'aimerais maintenant apprendre à t'aimer de toute mon intelligence. Enseigne donc à mon intellect le langage de l'amour. Il peut aussi t'aimer ! Amen.

Jour 26

Je lui demande de vous rendre forts par son Esprit, tellement sa gloire est grande. Ainsi, vous pourrez être des chrétiens solides. Que le Christ habite dans vos cœurs par la foi ! Plongez vos racines dans l'amour et soyez solidement construits sur cet amour. Alors vous serez capables de comprendre avec tous les chrétiens la largeur, la longueur, la hauteur et la profondeur de l'amour du Christ. Vous connaîtrez cet amour qui dépasse tout ce qu'on peut connaître. Vous recevrez toute la vie de Dieu, et il habitera totalement en vous. Dieu agit en nous avec puissance. Et quand nous lui demandons quelque chose, il peut faire beaucoup plus ! Oui, sa puissance dépasse tout ce qu'on peut imaginer !

ÉPHÉSIENS 3.16-20

Pensée transformatrice

Je crois qu'à moins d'apprendre vraiment ce secret d'aimer Dieu de toute notre intelligence, nous ne serons jamais capables de développer notre véritable potentiel. Alors que cette révélation de l'amour de Dieu touche notre vie, elle éveille aussi notre intelligence à une réflexion moins limitée et plus exacte sur nous-mêmes. Nous percevons le potentiel que Dieu lui-même voit en nous, notre créativité est déclenchée. On dit souvent qu'on devient comme celui (ou celle) qu'on aime… aussi, lorsque notre amour pour Dieu s'approfondit, nous nous mettons à penser comme lui et pouvons entrer dans son extraordinaire monde de créativité et de vision. Prononçons, avec Paul, cette prière et demandons à Dieu de révolutionner la façon dont nous intégrons intellectuellement l'amour de Dieu dans notre vie. La compréhension de cet amour deviendra un fondement, un repère pour nos décisions et réflexions. Sachons avec certitude que Dieu est pour nous et qu'il est digne de confiance. À moins d'être enracinés et fondés dans cette certitude, nous serons toujours hésitants.

Une fois que nous connaîtrons cet amour et serons fermement établis dans cette connaissance, notre vie va porter du fruit. Pensez à cette image d'une plante en pot. Vous pouvez acheter un pommier chez le pépiniériste, mais si vous ne le plantez pas en pleine terre, il ne prendra jamais racine correctement et ne produira jamais de pommes et, à terme, il mourra. De même, notre vie doit être bien fondée dans la connaissance de l'amour de Dieu si nous voulons porter du fruit en abondance. Comme fruit dans notre vie, il y a la faculté de penser et d'imaginer en collaboration avec le Saint-Esprit. Alors aimez Dieu et imaginez comme lui !

Prière de proclamation

Père, je laisse la révélation de ton amour à mon égard pénétrer en moi et enraciner ma vie, et je te remercie pour cette assurance qui me procure un lieu sûr où rêver à nouveau. Merci parce qu'en me reposant dans ton amour, je te vois faire plus que je ne peux l'imaginer. Maintenant, je te demande de toucher ma pensée – la partie du conscient comme celle de l'inconscient, du semi-conscient et du rêve – et de souffler dessus par le Saint-Esprit. Je te demande de m'apprendre à imaginer tout à nouveau. Je crois que si je suis en sécurité dans ton amour, tu éveilleras ma pensée et la toucheras pour m'aider à faire ce que je ne peux pas faire. Alors, mon Dieu, éveille toute ma créativité. Éveille l'écrivain en moi. Éveille le penseur et le stratège. Éveille mes dons de gestion. Seigneur, permets que j'utilise mon intelligence pour toi. Amen.

Jour 27

Tous les jours, je me fais du souci, et mon cœur est rempli de tristesse, mais jusqu'à quand ? Mon ennemi est plus fort que moi, mais jusqu'à quand ?

PSAUME 13.3

Ô Dieu, regarde au fond de mon cœur et connais-moi, examine mes pensées et vois mes soucis.

PSAUME 139.23

Frères et sœurs chrétiens, vous qui avez reçu l'appel de Dieu, regardez Jésus. Dieu l'a envoyé pour être notre grand-prêtre, et c'est par lui que nous croyons.

HÉBREUX 3.1

Pensée transformatrice

Il arrive souvent que notre esprit devienne une chambre noire où nous développons tous les négatifs de la peur et du doute. Si nous le laissons continuer à divaguer, rêver et imaginer, nous allons perdre notre liberté de penser et devrons lutter pour la récupérer. Il nous faut amener toute pensée captive, surtout dans les moments où nous lui laissons libre cours et lorsque nous nous assoupissons. Il nous faut discipliner nos

schémas de réflexion et déraciner les peurs et les soucis qui nous contrôlent. Demandez à Dieu de vous montrer comment vous utilisez votre temps libre. Demandez-lui de vous révéler les processus de pensée qui vous piègent dans la peur, l'amertume ou l'angoisse.

Je dois souvent décider de choisir des activités qui m'aideront à penser correctement, autrement je risque d'être dépassée. Je choisis par exemple d'écouter un peu de musique de louange plutôt que d'allumer la télévision. Je médite sur un verset de l'Écriture au lieu de poursuivre une conversation inutile. Je fixe mes pensées sur les choses divines. Prenez le temps de vous détendre avant d'aller au lit et ne vous mettez pas à parler de sujets pénibles ! Nous connaissons tous des périodes où nous devons lutter dans notre tête, alors entrez dans la bataille et soyez vainqueur ! Pensez à Jésus et choisissez des pensées qui vous aident à gagner !

Prière de proclamation

Père, je te soumets mes pensées agitées. Merci parce que cette période où je me débats avec moi-même aura une fin. Je n'ai plus besoin de souffrir dans mon esprit, tu m'as rendu libre ! Merci parce que tu peux me sonder et trouver ainsi toutes les pensées angoissées pour m'aider à les vaincre. Je pourrai désormais dormir la nuit, je ne serai en souci de rien. Je ne serai plus vaincu par l'amertume ou l'inquiétude mais avec toi, je serai vainqueur. Père, maintenant je choisis de fixer mes pensées sur Jésus. Je concentrerai tout ce que je suis sur lui et je sais que je peux être libre. Père, permets que mes pensées soient rivées sur Jésus. Amen.

Jour 28

Les gens mauvais doivent abandonner leur conduite. Celui qui fait le mal doit abandonner ses pensées méchantes. Tous doivent revenir vers le Seigneur, car il aura pitié d'eux. Tous doivent revenir vers notre Dieu, car il pardonne généreusement. Le Seigneur déclare : « Vos pensées ne sont pas mes pensées, mes façons de faire ne sont pas les vôtres. Il y a une grande distance entre mes façons de faire et les vôtres, entre mes pensées et vos pensées. Elle est aussi grande que la distance entre le ciel et la terre. »

ÉSAÏE 55.7-9

La Parole de Dieu est vivante, elle est pleine de force. Elle coupe mieux qu'une épée qui coupe des deux côtés. La Parole de Dieu entre en nous en profondeur. Elle va jusqu'au fond de notre cœur, jusqu'aux articulations et jusqu'à la moelle. Elle juge les intentions et les pensées du cœur.

HÉBREUX 4.12

Pensée transformatrice

Plus nous marchons avec Dieu, plus nous réalisons que nous ne pensons pas comme lui ! Ses voies semblent insensées, mais elles sont bonnes. Nous apprenons donc à lâcher prise et à laisser Dieu nous conduire dans ses voies. Nos modes de pensée sont si souvent centrés sur nous-mêmes, mais Dieu nous fait découvrir un horizon plus large. Il change notre perspective et aiguise notre sens de la justice. Dieu aime nous bousculer dans nos pensées, pour nous révéler nos motivations profondes.

Si nous laissons la Parole de Dieu toucher notre vie, alors nos attitudes et nos intentions seront impitoyablement mises à nu. Si souvent, nous croyons être généreux et désintéressés, jusqu'à ce que Dieu nous enjoigne de passer à un autre niveau ! Sa Parole a le pouvoir d'entrer en nous. Dernièrement, Dieu m'a poussée à donner pour un projet. Le montant était important et supposait de faire des sacrifices, mais mon mari et moi avons fait ce don. Seulement, les personnes concernées ne nous ont offert aucun signe de reconnaissance ; aussi me suis-je surprise à devoir lutter très fort contre le ressentiment. Je pensais que j'avais donné avec générosité alors qu'en réalité j'avais donné sous condition, et j'ai dû me repentir. Dieu a mis mon cœur à nu !

Trouvez un moment pour considérer les événements de votre vie et voir si vous avez été blessé. Prenez le temps qu'il faut et laissez la Parole de Dieu faire son œuvre…

Prière de proclamation

Père, je te remercie pour ta Parole qui m'enseigne toutes choses. Merci parce qu'elle peut sonder mes pensées. Elle peut parler tant à mon intelligence qu'à mon cœur et ensuite leur apprendre à fonctionner ensemble. Je suis racheté et précieux. Je sais que je suis un berger pour les autres. Merci de me donner un nouvel espoir et de réformer ma façon de voir. Merci parce que tes pensées sont autres que les miennes et que, même si elles ne paraissent pas logiques, elles sont remplies de ta bonté. Aide-moi s'il te plaît à me tourner vers toi quand je ne comprends pas le chemin que j'emprunte. Permets que je me sente en sécurité même quand je ne maîtrise pas chaque pas. Donne-moi de comprendre ce texte biblique en lien avec ma vie : « Il y a une grande distance entre mes façons de faire et les vôtres, entre mes pensées et vos pensées. Elle est aussi grande que la distance entre le ciel et la terre. » Amen.

CINQUIÈME PAS

Ranimons nos rêves

Jour 29

Comme une biche désire l'eau du ruisseau, ainsi je te désire, toi, mon Dieu. J'ai soif de Dieu, du Dieu vivant. Quand pourrai-je entrer dans son temple et me présenter devant lui ? Jour et nuit, je passe mon temps à pleurer, car on me dit sans arrêt : « Et ton Dieu, que fait-il ? » J'ai des souvenirs qui me touchent le cœur : autrefois, je marchais en tête de la procession. J'avançais vers la maison de mon Dieu dans la foule en fête, parmi les cris de joie et de louange. Pourquoi me décourager, pourquoi me plaindre de ma vie ? Il vaut mieux compter sur Dieu ! Oui, je vais encore le remercier, lui, mon sauveur et mon Dieu. Mon Dieu, je suis découragé. C'est pourquoi je pense à toi là où je suis, au pays du fleuve Jourdain, près du Mont-Petit, dans les montagnes de l'Hermon. Tout autour, tu fais rugir les torrents. De même toutes tes vagues et toute ton eau tombent sur moi, je suis complètement noyé ! Pendant le jour, que le Seigneur me montre son amour ! Alors la nuit, je chanterai pour lui, je prierai le Dieu qui me fait vivre.

PPSAUME 42.2-9

Pensée transformatrice

Avez-vous aujourd'hui davantage soif de la présence de Dieu dans votre vie que l'an dernier ? Aspirez-

vous à passer plus de temps avec lui ? Sentez-vous monter du tréfonds de votre âme ce cri : « J'ai besoin de toi, mon Dieu » ? Si c'est le cas, alors Dieu veut certainement réveiller en vous une nouvelle passion pour lui. Très souvent, quand nous sommes las émotionnellement, nous nous éloignons de Dieu et de nos amis chrétiens et, petit à petit, notre passion s'éteint. Mais Dieu veut réveiller nos passions et nos rêves. Rappelez-vous combien vous aimiez l'atmosphère qui régnait dans l'église, la ferveur des moments d'adoration, et permettez-vous de rêver à nouveau. Souvenez-vous de ces moments d'intimité intenses quand vous entendiez la voix bénissante de votre Père. Laissez de nouveau l'eau de Dieu déferler sur vous et vos désirs les plus profonds s'exprimer !

Il y a en vous une soif que seule la présence de Dieu peut assouvir. Cherchez-le de tout votre cœur et vous découvrirez qu'il est capable de réveiller ce que vous croyiez mort. Et puis, autorisez-vous à rêver encore une fois avec Dieu !

Prière de proclamation

Père, tout comme je t'ai donné mon passé et mon présent, je te donne maintenant mon avenir. Je sais que tu as de bons plans pour moi, c'est pourquoi je te demande de réveiller mes élans. Père, que tu sois mon appui face à ces profondes aspirations dont j'ai peur. J'ai tellement soif de choses meilleures ! Je désire tellement m'affranchir de la frustration de mes rêves spirituels qui se sont enlisés. S'il te plaît, mon Dieu, conduis-moi à franchir le pas suivant et réponds à l'appel de mon cœur. Là où j'ai été déstabilisé, je place résolument mon espoir en toi. Ô Père, libère donc maintenant les cris et les désirs de mon âme, portée par ton amour, et que les choses enfouies puissent remonter à la surface. Je compte sur toi pour éveiller en moi les pensées et les espoirs propres à cette nouvelle étape de ma vie. Alors, souffle sur moi, mon Dieu, et attise à nouveau les braises de mon espoir. Merci. Amen.

Jour 30

C'est pourquoi je vais l'attirer à moi, je vais la conduire au désert et je retrouverai sa confiance. Et là, je lui rendrai ses vignes, et je ferai de la Vallée d'Akor – cette vallée du malheur – la porte de l'espérance. Là, elle me suivra comme pendant sa jeunesse, comme au moment de la sortie d'Égypte.

OSÉE 2.16-17

Pensée transformatrice

Voici l'étape où Dieu veut vous restaurer. Vous allez voir réapparaître les dons que vous croyiez disparus, et les lieux déserts redevenir fertiles. Souvent nos rêves semblent emprunter un long détour par le désert. Déroutés, nous sommes pourtant certains d'avoir suivi la voix de Dieu. Comment se fait-il que nous nous trouvions dans ce lieu aride ? Mais Dieu va changer ces déserts en rendez-vous avec notre destinée. Si votre vie a été difficile, ce n'est pas parce que vous avez mal agi, ou que Dieu vous en veut ! Vous remarquerez que, souvent, quand Dieu vous attire d'une voix tendre, il vous conduit sur un chemin ardu. Pourquoi ? C'est parce qu'il veut établir dans votre vie un niveau plus élevé d'autorité et de confiance, en vue de passer à une nouvelle étape d'impact sur votre entourage.

Aujourd'hui, écoutez les encouragements de Dieu et ne soyez pas distrait par le paysage désolé. Dieu peut très vite transformer les lieux arides en champs fertiles. En lisant la Bible, vous remarquerez que tous les grands leaders ont été confrontés au désert. Moïse, David et même Jésus, tous ont dû apprendre les leçons du désert avant d'entrer dans leur destinée.

Alors souvenons-nous que nous sommes faits pour le combat dans le désert. Nous en sortirons vainqueurs. Nous quitterons cette vallée de malheur (Akor) par la porte de l'espoir et nos aspirations prendront enfin forme. Une période de découverte se profile ainsi à l'horizon, où notre espérance va se concrétiser !

Prière de proclamation

Père, je sais que tu me parles et que ta voix m'a guidé jusqu'à présent. Même si mes aspirations se sont desséchées dans le désert, je compte sur toi pour continuer à me parler de vie. Le temps du changement est pour bientôt, et le moment est venu pour moi de quitter ce lieu désolé et de franchir le pas de l'espoir. Seigneur, j'étais dans une vallée de malheur mais maintenant je sais que tu as ouvert une porte pour moi. Je brise le pouvoir de la déception sur ma vie et de son influence sur mes pensées. Je crois que l'espoir peut renaître. Père, mets en moi un chant nouveau et un nouvel état d'esprit. Merci pour les jours de ma jeunesse où j'étais créatif. Maintenant fais-moi entrer dans cette nouvelle saison. Amen.

Jour 31

Ses frères le voient de loin. Avant que Joseph arrive près d'eux, ils préparent sa mort en secret. Ils se disent entre eux : « Tiens, voilà le rêveur ! Maintenant allez, tuons-le et jetons-le dans un puits ! Nous dirons qu'une bête sauvage l'a dévoré. Ensuite, nous verrons bien si ses rêves se réalisent. »

GENÈSE 37.18-20

Pensée transformatrice

Aujourd'hui, nous avons besoin de discerner quels sont les briseurs de rêves dans notre vie : les peurs, les attentes des autres à notre égard, les paroles prononcées sur nous qui peuvent nous immobiliser. J'avais une vingtaine d'années, lorsqu'on m'a dit que je n'étais pas très douée pour la communication et que ce n'était pas la peine d'essayer de parler à de jeunes auditoires. Pendant des années, chaque fois que j'étais invitée à donner une conférence face à un public de jeunes, j'avais peur de ne pas y parvenir, alors même que des personnes m'avaient adressé des paroles de la part de Dieu m'encourageant à impacter la nouvelle génération. J'ai donc dû briser l'influence des paroles négatives pour poursuivre cet objectif.

Il faut reconnaître que, souvent, ce sont nos proches – membres de la famille, amis d'enfance – qui brisent nos rêves. Comme les frères de Joseph, ces personnes ne sont pas en mesure de discerner un temps nouveau. Elles peuvent se sentir menacées ou se montrer surprotectrices face à notre nouvel appel si celui-ci va à l'encontre de l'idée qu'elles se font d'une carrière sûre et respectable pour nous. J'ai souvent remarqué que quand un briseur de rêves pointe le bout de son nez, c'est une indication que la nouvelle direction pressentie est la bonne !

Au moment où vous entrez dans de nouveaux horizons, sachez que vous allez rencontrer des situations qui tenteront d'étouffer vos nouvelles aspirations, mais surtout laissez les vivre !

Prière de proclamation

Père, j'ai de la colère en moi contre le plan de l'ennemi qui a essayé de tuer mes rêves. Révèle-moi chaque situation où une atmosphère d'opposition m'a blessé. Et, Père, merci pour la puissance libératrice de ta Parole. Merci parce que, quelles que soient les circonstances et les souffrances qui ont tenté de briser mon élan, tu es plus que suffisant. Père, je déclare que rien ne peut arrêter les projets qui viennent de toi. Tu l'as dit et je sais que tu peux ouvrir le chemin. Je résiste donc à cette voix qui me dit : « Nous verrons ce qu'il adviendra de tes rêves ! » Mon Dieu, tu sais ce qu'il en sera et je crois que tu peux les faire se réaliser. Merci !

Jour 32

Après cela, moi, je répandrai mon Esprit sur tout le monde : vos fils, vos filles prophétiseront. Vos vieillards, par des songes, vos jeunes gens, par des visions, recevront des révélations. Et même sur les serviteurs, sur les servantes, moi, je répandrai mon Esprit en ces jours-là. Je produirai des signes prodigieux dans le ciel, sur la terre.

Joël 3.1-3 (BS)

Pensée transformatrice

Quand nous sommes baignés de la présence du Saint-Esprit, nous nous mettons à penser hors des sentiers battus. Lorsque j'assiste à une conférence ou à une retraite où, sans retenue, je me concentre sur Dieu, une nouvelle vision éclaire l'étape suivante de ma vie. La présence du Saint-Esprit est comme une couveuse : c'est là que nous commençons à avoir des projets à la dimension de Dieu ! En passant du temps dans la présence de Dieu, nos objectifs s'alignent tout à nouveau sur les siens, qui font écho à nos propres désirs.

Qu'est-ce que la révélation ? Je pourrais la définir comme la vision du rêve divin, et cette vision peut nous concerner. Nous voyons alors la même chose que ce que Dieu a déjà vu à notre sujet. Dieu a créé nos désirs intimes et nos instincts, et il sait quel dessein nous comblera vraiment. Ainsi, en entrant dans la présence du Saint-Esprit, ces germes de création s'animent et prennent vie. Nous découvrons alors ce qui nous tient vraiment à cœur et quel sens nous voulons donner à notre vie. La révélation de Dieu à notre sujet, c'est quand nous entendons Dieu proclamer son véritable but pour notre existence, celui qu'il a conçu quand il nous a formés. Quand, sous l'action du Saint-Esprit, nous proférons cette vision, nous ne faisons qu'admettre ce que Dieu a déjà arrêté pour notre vie ; nous nous mettons à rêver ce que Dieu a déjà rêvé pour nous et à voir ce que Dieu a déjà vu à notre sujet !

Les jeunes comme les plus âgés ont tous une aptitude à rêver, et nous ne sommes jamais trop âgés pour accoucher de nos désirs profonds. Ne laissez pas votre âge limiter votre capacité à couver une nouvelle vision. Plongez dans cette couveuse de Dieu, pour ensuite mettre en œuvre les projets saisis lorsque vous étiez dans sa présence. Laissez-vous réveiller par Dieu !

Prière de proclamation

Père, déverse sur moi un esprit nouveau ; imprègne-moi de ta présence. Mon Dieu, souffle sur ma vie et réveille en moi ton appel. Je te remercie de m'avoir donné un esprit de révélation. Merci parce que si je laisse ton Esprit toucher ma vie, ton appel sur moi se réalisera. Permets donc que j'aie des rêves à la dimension de tes projets pour moi. Ouvre mes yeux sur ton dessein sur ma vie. Viens, Saint-Esprit, et crée en moi une atmosphère propre à saisir les choses d'en haut qui sommeillent en moi. Merci, Père. Amen.

Jour 33

Réjouis-toi, Jérusalem, toi qui n'avais pas d'enfant ! Pousse des cris de joie et sois heureuse, toi qui ne connaissais pas les douleurs de l'accouchement. Le Seigneur te dit : « Toi, la femme abandonnée, tu as maintenant plus d'enfants que la femme qui a un mari. Agrandis l'espace de ta tente, tends des toiles plus larges pour t'abriter, ne calcule pas tes dépenses. Allonge les cordes et fixe bien tes piquets. En effet, tu vas te répandre de tous côtés, tes enfants vont prendre les pays voisins. Ils vont repeupler les villes abandonnées. N'aie pas peur, tu ne seras plus couverte de honte. Ne sois pas troublée, on ne t'insultera plus. Tu oublieras la honte que tu ressentais quand tu étais jeune. Tu ne te souviendras plus des insultes qu'on te lançait quand tu étais veuve. Voici pourquoi : tu vas avoir pour mari celui qui t'a créée, celui qui a pour nom « le Seigneur de l'univers ». Celui qui te libère, c'est le Dieu saint d'Israël, celui qu'on appelle « le Dieu de toute la terre ».

ÉSAÏE 54.1-5

Pensée transformatrice

Nous entrons ici dans un temps d'accélération et de croissance. Mais si nous voulons vivre cette saison de fécondité, il nous faut d'abord la chanter !

Dieu promet, dans ces versets, de nous faire entrer dans une nouvelle zone d'influence et d'expansion. Il nous invite à nous réjouir, alors que nous sommes encore dans le désert. Cet acte même de foi – l'attitude de reconnaissance alors que rien ne semble se passer – initie le processus de changement. Il y a une énorme puissance dans la louange et la reconnaissance offertes dans les périodes difficiles, avant même de voir le moindre signe de l'action de Dieu.

Réjouissons-nous donc de cette nouvelle saison dans notre vie et ensuite seulement nous pourrons prendre nos positions, agrandir cet espace et y pénétrer. Osons nous aventurer dans ces temps d'élargissement, d'expansion au point d'avoir peur et de nous sentir dépassés. Quand nous faisons des pas de foi qui impliquent une grosse dépense financière, nous pouvons avoir la sensation de dépasser nos limites, mais lorsque nous acceptons ces défis, nous ne sommes pas confus. À moins que le facteur risque ne soit toujours présent dans notre vie, nous ne vivons pas vraiment à la pointe de nos rêves et ne cherchons pas à pénétrer de nouveaux territoires du Royaume. Dieu souhaite que nous nous dépassions pour entrer dans nos projets.

Tout comme le corps d'une femme s'étire et s'élargit pour s'adapter au nouvel être dont elle va accoucher, laissons nos routines bouger et nos vies s'élargir pour s'adapter aux objectifs et à la destinée que Dieu souhaite mettre au monde. Il est temps de vivre hors de nos zones de confort. Même si cela peut paraître inconfortable, voire dangereux, Dieu est fidèle et pourvoira sur les plans matériel et humain pour construire les projets dont il rêve pour nous.

C'est maintenant le moment de chanter votre sortie de la saison sèche et de laisser Dieu vous élargir pour entrer dans ses plans. Vous découvrirez alors qu'il est bien le Dieu fidèle qui pourvoit à tous vos besoins.

Prière de proclamation

Père, je te remercie parce que là où j'ai ressenti tant d'aridité, je connaîtrai une nouvelle abondance. Père, je n'aurai pas peur. Au contraire, je chanterai parce que je sais qu'un agrandissement, un élargissement sauront satisfaire chaque rêve, chaque appel. Père, je déclare que je vais me dépasser davantage, que la zone de limite est en train de reculer et que tu fais une chose nouvelle dans ma vie. Je te remercie pour ces projets qui ne seront pas une humiliation pour moi mais une source de satisfaction. Je ne me sentirai ni isolé ni seul, car tu me donneras des amis et tu seras avec moi. Je suis à l'abri de tes ailes, je ne crains rien. Merci pour le chant de reconnaissance que tu as mis dans mon cœur. Amen.

Jour 34

L'ange lui répond : « L'Esprit Saint viendra sur toi et la puissance du Très-Haut te couvrira comme l'ombre... Non, rien n'est impossible pour Dieu ! »

Marie répond : « Je suis la servante du Seigneur. Que Dieu fasse pour moi ce que tu as dit ! »

... [Elisabeth dit :] « Tu es heureuse ! En effet, tu as fait confiance au Seigneur, et ce qu'il t'a dit arrivera. »

LUC 1.35, 37-38, 45

Personne ne peut plaire à Dieu s'il ne croit pas. Celui qui s'approche de Dieu doit croire ceci : Dieu existe et il récompense ceux qui le cherchent.

HÉBREUX 11.6

Pensée transformatrice

Quand Dieu partage ses projets avec nous, ils paraissent impossibles voire même ridicules. Voici Marie à qui est promis un enfant sans qu'elle ait même eu de relation sexuelle ! Cette situation semble irréaliste, mais Marie sait voir au-delà de la réalité pour regarder dans le monde de Dieu, le monde des possibles. Aujourd'hui, en méditant sur les pensées que Dieu a mises dans vos cœurs, laissez le Saint-

Esprit couvrir vos doutes de son ombre, couvrir vos peurs de sa présence et d'un profond sentiment de sécurité. Parce que, quand Dieu entre dans notre vie, l'impossible devient possible. La première fois qu'on m'a demandé d'écrire un livre, la tâche m'a parue impossible. À l'école, j'avais déjà du mal à écrire une simple rédaction, alors un livre tout entier ?! Mais Dieu m'a donné une parole prononcée en public, signifiant clairement qu'il voulait que j'écrive ; j'ai donc cru cette parole prophétique et me suis mise à écrire. Tandis que j'écrivais, ma foi s'est mise à grandir jusqu'à ce que la tâche soit accomplie. D'ailleurs, quand j'ai terminé mon premier livre, je me suis mise à pleurer : l'impossible était devenu possible !

Demandez à Dieu de mêler la foi à vos rêves. Ce que nous accomplissons ne peut plaire à Dieu que si notre activité est mêlée de foi plutôt que de notre volonté propre. Soyons des croyants qui sont prêts à recevoir tout ce que Dieu veut leur donner, pour les aider à accomplir leurs objectifs. Quand tout nous crie au visage : « Ce n'est pas possible ! » soyons de ceux qui répondent : « C'est forcément possible ! »

J'aime l'histoire qu'on raconte sur Napoléon qui se trouvait au milieu d'une des plus féroces batailles qu'il ait eu à affronter. Un officier est venu lui dire que l'ennemi les encerclait sur trois flancs et lui demander de parler aux troupes. Alors Napoléon s'est levé et a

dit : « Hommes, nous sommes encerclés à gauche, nous sommes encerclés à droite, l'ennemi est en face et l'ennemi est derrière. Hommes, combattons, on ne peut pas les rater ! »

Parfois, nous nous sentons terriblement cernés par les impossibilités, mais face à un si grand Goliath, souvenez-vous que vous ne pouvez pas rater ce géant si vous lui jetez le caillou de la foi !

Prière de proclamation

Père, je te demande un nouvel esprit de confiance. Je crois ! Je brise le pouvoir du doute et du sentiment d'insécurité. Je sais que bien des choses semblent impossibles, mais je veux croire que tu es le Dieu des miracles, que tu m'aimes et que tu me donneras les moyens d'accomplir ce que tu m'as demandé. Comme Marie, je ferai des découvertes étonnantes et je tiendrai ferme face à l'impossible. Merci pour la parole de foi qui mène à la victoire. Amen.

SIXIÈME PAS

Revivifions notre vie

Jour 35

Le voleur vient seulement pour voler, tuer et détruire. Moi, je suis venu pour que les gens aient la vie, et pour que cette vie soit abondante.

JEAN 10.10

Le Seigneur Dieu prend de la poussière du sol et il forme un être humain. Puis il souffle dans son nez le souffle de vie, et cet homme devient un être vivant.

GENÈSE 2.7

Pensée transformatrice

La vie nous est donnée pour être vécue, et non simplement contemplée. Dans mon travail, je rencontre souvent des jeunes filles séduisantes mais

convaincues qu'elles sont moches ou trop grosses, ou encore dépourvues d'objectif. Dans le pire des cas, elles pensent au suicide, s'automutilent, souffrent d'anorexie ou d'autres maladies. En regardant ces jeunes filles remarquables et en voyant comment l'ennemi les a piégées dans une toile de mensonges au point qu'elles en ont perdu la joie de vivre, je ressens un profond sentiment de colère contre ce voleur ! Nous avons un ennemi qui aime détruire notre joie de vivre. Il cherche à nous voler et à tuer ce don de Dieu qu'est notre avenir, il cherche à anéantir notre amour de la vie.

Mais quand nous laissons Dieu recentrer notre vie, il nous rend la capacité de l'assumer pleinement ! Il la veut pour nous pleine et entière, satisfaisante, débordante. Retirons-la des griffes de ce voleur et déployons nos ailes !

Aujourd'hui, identifiez les domaines où le voleur a pris votre amour de la vie et demandez à Dieu de ranimer la flamme qu'il a mise dans votre cœur. Tout comme au premier jour, Dieu veut insuffler son souffle au plus profond de votre être pour que vous puissiez vivre pleinement. Ce n'est que lorsque nous portons son souffle dans notre esprit que nous pouvons accomplir notre destinée. Alors laissez-le souffler en vous et redevenez un être vivant. Il est temps de vivre, rire et danser !

Prière de proclamation

Mon Dieu, je te remercie pour le don de la vie. Tu veux que j'en profite joyeusement, sans stress, sans pression et tu m'en donnes la capacité. Merci infiniment pour ton Fils qui est venu pour me donner la vie. Père, aujourd'hui je la reçois, si pleine et débordante. Tu es si bon pour moi ! Aujourd'hui, je te demande de détruire tout ce qui est négatif dans ma vie. Souffle en moi. Souffle dans tous les recoins poussiéreux. Réveille le vrai « moi » et que je devienne l'être vivant que tu as créé. Je rejette le voleur et son œuvre en moi. Père, aujourd'hui je déclare : « Je suis vivant ! Je suis libre ! » Merci pour ce don de la vie. Amen.

Jour 36

Est-ce que tu ne reviendras pas nous rendre la vie, pour que ton peuple se réjouisse en toi ?

PSAUME 85.7

Voici ce que dit le Dieu saint, lui qui est au-dessus de tout et qui a une habitation pour toujours : « Moi, le Dieu saint, j'habite là-haut. Mais je suis aussi avec les gens qu'on écrase et qui ont un cœur de pauvre. Je veux rendre la vie … à ceux qu'on écrase.

ÉSAÏE 57.15

Il nous rendra la vie après deux jours, le troisième jour, il nous relèvera, et nous vivrons devant lui.

OSÉE 6.2

Pensée transformatrice

Dieu promet de nous rendre la vie et de réveiller de bonnes choses qui nous semblaient définitivement mortes. Il veut raviver notre premier amour, rafraîchir notre esprit et recentrer notre vision. Dieu veut nous donner des raisons de nous réjouir pour que nous sentions ressurgir le rire en nous. Dieu aime raviver nos rêves et nos passions.

Quand nous parlons de « réveil » nous imaginons bien souvent d'énormes réunions avec la prédication puissante de la Parole et la guérison des malades. Dieu parle effectivement ainsi, mais il promet aussi d'apporter le réveil aux personnes humbles. Qui sont-elles ? Ce sont les personnes simples, ordinaires, banales ou modestes – ce qui permet à la plupart d'entre nous d'espérer un réveil ! Ce sont nos soupirs qui attirent la présence de Dieu, bien plus que nos perfections. Je me rappelle la prière toute simple qu'a prononcée Evan Roberts avant que le réveil ne touche le pays de Galles. Il s'est écrié simplement : « Seigneur, courbe-moi ! Courbe-moi ! » Bien souvent, nos moments de frustration nous entraînent à un pieux désespoir qui déclenche une période de révélation produisant une transformation profonde. N'ayez pas peur de lancer ce cri du cœur : « Ravive-moi, touche-moi, Seigneur ! »

Dieu nous promet qu'en son temps il nous relèvera. Il touchera ces recoins de désillusion et y fera de nouveau jaillir la vie et l'espérance. N'ayez pas peur de ce temps d'attente. Ce n'est jamais du temps perdu. La période de réveil arrivera, il suffit de patienter ! Repassez dans votre cœur ces textes bibliques et qu'ils deviennent un cri vers lui, le dispensateur de la vie !

Prière de proclamation

Père, je te remercie pour l'esprit de réveil qui va se poser sur moi. Rends-moi la vie, ainsi qu'à tout ce qui est mort à l'intérieur.

Père, alors que j'invoque ton nom, merci parce que tu entends mon cri et me « réveilles ». Merci parce que là où j'ai été écrasé et brisé, tu me fais revivre. Touche-moi s'il te plaît, et conduis-moi dans ta présence. Rends-moi la vie, mon Dieu. Amen.

Jour 37

A partir de l'Arnon, les Israélites vont au lieu appelé le Puits. Là, le Seigneur a dit à Moïse : « Réunis le peuple, et je lui donnerai de l'eau à boire. » C'est au sujet de ce puits que les Israélites ont lancé ce chant : « Crions de joie, l'eau a jailli du puits ! »

NOMBRES 21.16-17

Le dernier jour de la fête est le plus important. Ce jour-là Jésus, debout, dit d'une voix forte : « Si quelqu'un a soif, il peut venir à moi et boire. Celui qui croit en moi, des fleuves d'eau couleront de son cœur, et cette eau donne la vie ». On lit cela dans les Livres Saints.

JEAN 7.37-38

Pensée transformatrice

Si nous apprenons à venir à la source de la vie, nous deviendrons à notre tour un secours pour les autres. Dieu nous remplit d'abord et c'est seulement ensuite que nous pouvons rafraîchir les autres. Examinons donc notre source pour nous assurer que c'est de l'eau pure !

Quand nous avons traversé une période pénible, nous pouvons en ressortir soit amers, soit mieux

armés pour relever le prochain défi. Si nous avons laissé l'amertume contaminer notre pensée et nos réactions, notre puits sera bouché. Il nous faudra le déboucher par la louange et la reconnaissance. Tant de cailloux et d'offenses peuvent entraver notre marche et étouffer notre destinée. Chantons alors au Seigneur et « activons » notre destinée !

Je suis passée moi-même par un douloureux temps de trahison et ma source d'eau en a été bouchée. J'ai dû prendre la décision de pardonner et d'abandonner le sentiment d'injustice si je voulais retrouver la paix ; l'eau s'est alors remise à couler. Dieu peut vous montrer si des pierres de non-pardon bloquent le flot de votre vie.

Venez donc à Dieu et buvez. Laissez votre frustration vous pousser vers Jésus et demandez-lui de vous donner de l'eau fraîche. Lorsque nous venons à lui, nous sommes inondés de sa présence et il nous remplit. Puis nous découvrons que la zone aride en nous a été transformée et que des ruisseaux y coulent désormais.

Je me souviens de l'époque où j'étais persécutée à l'école. J'en étais venue à appréhender de dire aux autres que j'aimais Jésus, et à museler toute ma passion pour lui. Mais un soir, alors que je célébrais Dieu à l'église, mon amour d'autrefois s'est réveillé. Soudain, je me suis rendue compte que je priais de nouveau pour mes camarades de classe. Très vite, j'ai pu les conduire à l'église et ensuite les voir se confier en Jésus et se faire baptiser. Le puits était débouché et l'eau coulait à nouveau !

Prière de proclamation

Père, du plus profond de mon âme, je te demande de me remplir – jaillis, eau du puits ! Que je sois animé d'un chant nouveau. Mon Dieu, jaillis en moi ! Père, j'ai soif et j'ai tant besoin de toi. J'ai besoin de sentir ta main posée sur moi – enseigne-moi à boire à la source de la vie. Mon Dieu, non seulement je souhaite recevoir de ton eau, mais j'aspire également à être un « donneur » de vie. Permets qu'elle déborde sur mon entourage ! Je ne veux pas seulement survivre, mais abonder de toi. Merci, Père, parce que je sais que la vie jaillira ! Je sais que des fleuves couleront de moi et toucheront les nations. Je déborderai pour les autres. De l'eau en abondance, Seigneur, je te prie ! Amen.

Jour 38

Je lui donnerai une vie longue et belle, et je lui montrerai que je suis son sauveur.

PSAUME 91.16

Le Seigneur sera toujours ton guide. Même en plein désert, il te donnera à manger et te rendra des forces. Tu seras comme un jardin bien arrosé, comme une source qui coule toujours.

ÉSAÏE 58.11

« Oui, je rafraîchirai ceux qui sont épuisés, je donnerai tout ce qu'il faut à ceux qui n'ont plus de force. »

Après cela, je me suis réveillé et j'ai constaté que mon sommeil m'avait fait du bien.

JÉRÉMIE 31.25-26

Pensée transformatrice

Dieu peut nous assurer une vie de satisfaction où il y aura peu de regrets ! J'aime l'histoire que l'on raconte sur John Wesley alors qu'il était sur son lit de mort. Un de ses bons amis venu lui rendre visite lui a demandé : « John, si tu devais recommencer à zéro, que ferais-tu différemment ? » Wesley s'est

tourné vers son ami et lui a répondu : « Rien. Je suis satisfait ! » N'est-ce pas merveilleux de pouvoir dire cela à la fin de sa vie ? Celle de John Wesley n'avait pas été facile – elle avait été éprouvante physiquement et son mariage avait fait naufrage. Mais en considérant sa vie dans sa globalité, il pouvait conclure qu'il était satisfait. J'espère pouvoir en dire autant à la fin de ma vie, et je crois que c'est possible. Dieu désire vous combler émotionnellement, matériellement et spirituellement.

Dieu peut satisfaire tous les domaines de notre vie. Je crois qu'il nous donnera des relations épanouissantes. Il nous aidera à faire des choix avisés, et il pourvoira à tout même si nous vivons une période d'incertitude financière. Le royaume de Dieu n'est pas affecté par les crises économiques ou les krachs bancaires. Quelle que soit l'atmosphère qui règne sur votre lieu de travail, Dieu permettra que vous soyez épanoui et vous donnera la force de relever tous les défis. Alors même que de mauvaises nouvelles vous assaillent, ou que votre santé est préoccupante, Dieu trouvera le moyen de vous apporter grâce et force pour vous rafraîchir et faire monter en vous une vague de joie.

Je me souviens des huit mois où je me suis trouvée confinée dans un fauteuil roulant ; c'était dur mais pas traumatisant. Quelque part au milieu de toute la souffrance et de la frustration, Dieu a arrosé mon âme. Il m'a manifesté son intérêt de mille petites manières chaque jour et je savais qu'il était avec moi.

Alors, aujourd'hui, sachez que Dieu veut vous rafraîchir et vous satisfaire jusqu'au plus profond de votre être. C'est le moment de mener une vie épanouie !

Prière de proclamation

Dieu, je te remercie parce que, grâce à toi, je peux regarder ma vie et en être content. Pas de regrets, tu me satisfais ! Merci parce que tu me combleras dans mes relations.
Tu me combleras dans mon ministère. Tu me combleras dans les circonstances de ma vie, tu es le Dieu qui apporte le contentement ! Merci parce que tu me combleras sur le plan matériel, je n'ai aucune crainte à avoir. Je te remercie parce que tu me feras la grâce d'une vie pleine. Tu me rafraîchiras, tu enlèveras ma lassitude et tu me donneras un bon sommeil ! Merci pour tous tes bons soins. Amen !

Jour 39

Pour ma part, je vais bientôt quitter cette terre. Mais vous devez être entièrement d'accord avec ceci : le Seigneur vous a fait beaucoup de promesses, et il les a toutes réalisées. Aucune des paroles qu'il vous a dites n'est restée sans résultat.

JOSUÉ 23.14

Ta parole a fait ses preuves, je l'aime beaucoup, moi ton serviteur.

PSAUME 119.140

Ton royaume est un royaume sans fin et ton pouvoir royal durera de génération en génération. Dieu est fidèle dans toutes ses promesses, il montre son amour dans tout ce qu'il fait.

PSAUME 145.13

Pensée transformatrice

Nous pouvons vivre dans l'assurance que chacune des promesses de Dieu se réalisera. Mais, d'après mon expérience, Dieu n'accomplit pas nécessairement les promesses dans l'ordre que nous aurions choisi, ni même dans l'ordre où il nous les a faites ! Souvent,

on a l'impression que la promesse que nous désirons le plus voir se réaliser est la dernière à s'accomplir. Sachez, cependant, que chaque fois que nous recevons une promesse, elle est à l'abri dans la banque céleste et sera créditée à notre compte en son temps.

Un autre défi que présentent les promesses, c'est lorsque leur accomplissement semble s'éloigner au lieu de se réaliser ! En d'autres termes, on dirait que la situation empire plutôt que de s'améliorer. Je priais un jour avec une amie à propos de sa situation professionnelle qui lui pesait beaucoup à cause de l'exigence de son patron. La semaine suivante, mon amie était ravie de m'apprendre qu'elle venait d'être mutée dans un autre service. Mais quand elle a commencé à y travailler, tout lui a paru dix fois pire. L'atmosphère était tendue et un membre de l'équipe passait devant un conseil de discipline. Cependant juste avant sa mutation, Dieu lui avait donné cette parole : « Prépare-toi à une promotion importante et au job de tes rêves ! » Elle était dans ce nouveau service depuis six mois et songeait chaque jour à donner sa démission sans pouvoir cependant lâcher la promesse, quand elle reçut un e-mail qui disait : « Nous souhaiterions vous muter à telle fonction. Consentiriez-vous à l'occuper ? » Ce poste répondait exactement aux critères de ses rêves et, même si elle n'avait pas toute l'expérience demandée, on le lui confia. Depuis, elle aime son travail !

Alors souvenez-vous, ses promesses sont dignes de confiance. Ce n'est pas le moment maintenant d'abandonner ; accrochez-vous à chaque parole puis attendez de voir. Ses promesses deviendront réalité !

Prière de proclamation

Père, merci parce que tes promesses sont bonnes et ne trompent jamais. Je crois que chacune d'entre elles s'accomplira pour que je connaisse une vie abondante. Tu me combleras de bienfaits. Je suis très impatient de voir comment toutes les promesses sur ma vie vont se réaliser. Merci aussi pour ces paroles prophétiques ; je veux les chérir dans mon cœur. Je te remercie de me donner, dans chaque épreuve, la force nécessaire et l'assurance que tes paroles ne sont pas vaines. Je sais que tu es fidèle, et tes promesses sont un fondement solide dans ma vie. Amen.

Jour 40

Alors la gloire du Seigneur paraîtra, et tous les habitants de la terre la verront. Voilà l'ordre du Seigneur.

ÉSAÏE 40.5

Alors ne perdez pas votre confiance, grâce à elle, vous recevrez une grande récompense. Vous avez besoin de patience pour faire ce que Dieu veut et obtenir ce qu'il promet. En effet, « Encore un peu de temps, très peu de temps, et celui qui vient sera là, il va venir bientôt. Celui qui croit en moi est juste, et par là, il aura la vie. Mais s'il retourne en arrière, je ne mettrai plus ma joie en lui. » Nous, nous ne faisons pas partie de ceux qui retournent en arrière et qui se perdent. Nous croyons en Dieu, et nous serons sauvés. Croire en Dieu, c'est une façon de posséder déjà les biens qu'on espère, c'est être persuadé que les choses qu'on ne voit pas existent vraiment.

HÉBREUX 10.35 – 11.1

Pensée transformatrice

Nous voici au bout de notre chemin de découverte. Prenez un moment pour vous souvenir de chaque parole que Dieu vous a dite. Souvenez-vous aussi que vous êtes porteur de gloire. La présence de Dieu a touché votre vie et vous êtes magnifique. Vous avez un but et la grâce du leadership pour atteindre votre objectif. Vous avez des rêves et l'espoir grandit dans votre esprit. Vous avez une pensée intelligente qui vous aidera à vous concentrer et à prendre les bonnes décisions. Préparez-vous alors à vivre une vie épanouie.

Ne laissez rien vous dérober cette assurance nouvelle. C'est le temps des nouveaux commencements. De nouvelles opportunités vont se présenter : ouvrez ces portes et regardez Dieu pourvoir à vos besoins à chaque pas. Souvenez-vous que souvent ces décisions demanderont du courage, alors ne reculez pas. Souvenez-vous de persévérer dans chaque difficulté afin d'en sortir victorieux. Laissez émerger ce nouvel espoir et cette foi nouvelle. Pénétrez dans ce monde nouveau, la tête haute et les épaules bien droites sachant que Dieu est avec vous. Vous êtes un prince, une princesse, précieux aux yeux de Dieu votre Père, alors avancez et vivez pleinement !

Prière de proclamation

Père, merci parce que c'est maintenant que ma vie va se révéler. Les vannes sont ouvertes et tu es en train de montrer qui je suis. Ta gloire sera manifestée en moi et mon destin sera dévoilé. Merci, car en venant vers toi comme un petit enfant, je vais connaître les secrets du ciel. Je suis prêt. Aujourd'hui donc, je déclare que je suis plein de foi et que je vais voir mes rêves se réaliser. Cette période a été un temps de gestation et maintenant tes promesses vont s'accomplir. Merci, Dieu ! J'ose donc rêver, sachant que toi et moi ensemble, nous avons le pouvoir de faire que les rêves deviennent réalité. Ma vie est dans tes sûres mains et mon avenir est assuré. Je suis libre... libre... libre désormais d'être pleinement moi !

Je sais que je suis racheté et précieux à tes yeux. J'ai redécouvert en moi le leader qui sommeillait ; il va se lever ! J'ai retrouvé l'espoir. Dieu a reformaté ma pensée et je suis libre dans ma tête. Merci mon Père si précieux ! Amen.

Ose rêver !

Ose rêver, dit le Seigneur,

parce qu'en rêvant tu partages mon cœur.

Ose rêver, dit le Seigneur,

parce que sans rêve l'homme meurt.

Beaucoup ont des vues trop courtes,

beaucoup n'ont pas la foi d'essayer.

J'ai semé bien des graines dans les cœurs,

j'ai même partagé le cri de mon cœur.

Ose rêver, je te veux en marche.

Ose rêver parce que je rêve avec toi.

Peux-tu, veux-tu oser rêver ?

Peux-tu, veux-tu saisir ma vision ?

Veux-tu que le grain porte du fruit ?

Veux-tu que ton cœur batte au rythme du mien ?

HELEN AZER, 2 FÉVRIER 2004

L'auteur

Appréciée sur le plan international en tant qu'enseignante de la Bible et leader de prière, Rachel Hickson est également reconnue pour son don prophétique. Elle enseigne dans différents pays, où elle est aussi sollicitée en tant que conférencière.

Elle avait vingt-quatre ans quand elle a commencé à travailler avec son époux Gordon en Afrique au sein de l'équipe *Christ for All Nations* de Reinhard Bonnke. Six semaines après son arrivée au Zimbabwe, elle a subi un grave accident de voiture, qui a failli lui coûter la vie, mais elle s'est miraculeusement rétablie. À travers cette expérience est né son désir de prier et de former d'autres chrétiens à atteindre leur plein potentiel dans une Église qui prie.

Après leur retour d'Afrique en 1990, Rachel et Gordon sont devenus pasteurs d'un groupement de quatre églises dans le Hertfordshire (Angleterre) et ont fondé *Heartcry Ministries* dont la vocation est de former et d'équiper les chrétiens à entrer dans une prière et une intercession efficaces pour

leur communauté, leur ville et leur pays. En 2005, Rachel et son mari ont déménagé à Oxford où Gordon a intégré l'équipe pastorale de l'église *St Aldates*.

Rachel, quant à elle, s'est mise à voyager en Europe, en Amérique du Nord, en Afrique et en Inde à l'appel de communautés de diverses dénominations, là où une passion pour l'unité rassemble les églises dans la prière pour que Dieu agisse dans leur région.

Que des villes soient transformées par le pouvoir de la prière et de l'évangélisation, tel est le désir profond de Rachel et Gordon. L'un de leurs projets est de relier entre elles les églises de Londres, au moyen d'une stratégie appelée *London Prayernet* (cf. www.londonprayer.net).

« Heartcry Ministries » et « Heartcry for Change »

Nous travaillons avec les églises et les individus de dénominations et de pays différents pour les équiper dans les domaines suivants :

La prière : former une « armée » de personnes ordinaires, dans des Écoles de prière et des séminaires, afin qu'elles acquièrent de l'assurance pour élever la voix et formuler des prières avisées et ferventes.

La prophétie : enseigner les principes de base du don de prophétie par des cours et des conférences, afin d'équiper les églises en vue de devenir des voix prophétiques précises dans leur pays. Nous cherchons à former les personnes qui ont le désir profond de connaître la présence de Dieu et d'être disponibles pour entendre sa voix et prononcer sa Parole avec exactitude afin que des vies soient transformées.

Les femmes : délivrer un message d'espoir pour les femmes de toute nation et de toute culture en vue de les aider à acquérir une confiance nouvelle et ainsi accomplir leur destinée et les objectifs de Dieu pour l'édification de son royaume.

Les capitales : s'affirmer dans la capitale de leur pays en œuvrant au sein des institutions gouvernementales, des entreprises et des églises, puis en criant à Dieu pour une mise en cohérence du gouvernement naturel et spirituel dans ces lieux. Un cri pour Londres et au-delà ! Voir *www.londonprayer.net*.

Les affaires et la finance : sensibiliser les hommes d'affaires à l'importance d'édifier le royaume de Dieu, pour que des moyens efficaces soient mis à la disposition de la vision et que la réalisation du dessein de Dieu soit accélérée. Connecter entre elles les entreprises, les collectivités locales et les églises pour que les choses changent !

Les leaders de demain : conduire et encourager de jeunes leaders à mettre en œuvre l'action de Dieu sur les plans politique et gouvernemental, social, artistique, médiatique et religieux.

Les nations : établir des partenariats avec l'Inde, les pays d'Afrique et du Moyen-Orient en apportant un enseignement, une formation et des moyens matériels pour les fortifier et les équiper en faveur d'une avancée dans le pays.

Les médias, la télévision : produire du matériel de formation pour aider les églises à comprendre et accomplir leur responsabilité. Par la télévision, être une voix encourageante dans les foyers de l'« armée » des gens ordinaires qui prient pour des situations inextricables.

Les ressources et les conférences : écrire des livres et du matériel de formation, organiser des conférences et des sessions de formation où leaders chrétiens et églises sont encouragés à poursuivre leur vocation.

« *Heartcry* » espère continuer à fortifier l'Église pour qu'elle se connecte avec son milieu social, et à encourager les individus à entendre l'appel urgent à la prière. C'est maintenant le moment de crier à Dieu pour notre pays et notre continent et de voir ce qu'Il va faire pour nous !

Heartcry Ministries
PO Box 737
Oxford, Oxon
OX1 9FA
Grande Bretagne

www.heartcry.co.uk
www.londonprayer.net

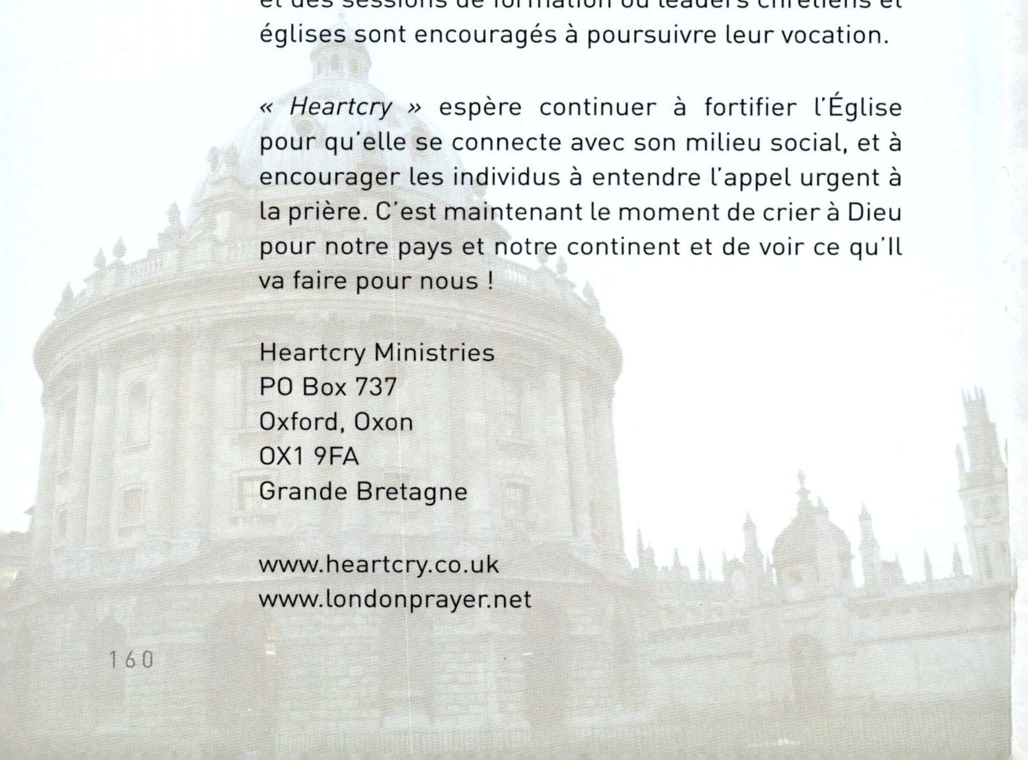